Schriftenreihe für Sozialgeschichte
und Arbeiterbewegung

Band 29

Schriftenreihe für Sozialgeschichte und Arbeiterbewegung

Band 29

der Studiengesellschaft für Sozialgeschichte
und Arbeiterbewegung Marburg
Herausgegeben von
Wolfgang Abendroth, Frank Deppe,
Georg Fülberth und Gerd Hardach

Friedensbewegung und Arbeiterbewegung.
Wolfgang Abendroth im Gespräch

Das Gespräch mit Wolfgang Abendroth führten:

Frank Deppe
Klaus Fritzsche  Text XII   S. 62 - 80
Georg Fülberth
Christoph Jetter
Gert Meyer

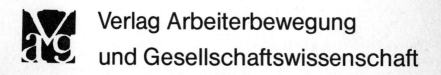

Verlag Arbeiterbewegung
und Gesellschaftswissenschaft

CIP-Kurztitelaufnahme der Deutschen Bibliothek

Friedensbewegung und Arbeiterbewegung : Wolfgang
Abendroth im Gespräch / d. Gespräch wurde
geführt von Frank Deppe ... — Marburg : Verlag
Arbeiterbewegung u. Gesellschaftswiss., 1982.
  (Schriftenreihe für Sozialgeschichte und
  Arbeiterbewegung der Studiengesellschaft für
  Sozialgeschichte und Arbeiterbewegung ; 29)
  ISBN 3–921630–28–2

NE: Abendroth, Wolfgang [Mitverf.]; Studiengesellschaft für Sozialgeschichte und Arbeiterbewegung
<Marburg, Lahn>: Schriftenreihe für Sozial-
geschichte ...

© 1982 Verlag Arbeiterbewegung und Gesellschaftswissenschaft GmbH,
Marburg
Alle Rechte vorbehalten
Titelbild: Bernhard Seiß
Satz: Kübler Verlag KG, Lampertheim
Druck: Fuldaer Verlagsanstalt GmbH, Fulda
ISBN 3–921630–28–2
Printed in the Federal Republic of Germany

Inhalt

Vorbemerkung

Der hier vorgelegte Text beruht auf Gesprächen, die Wolfgang Abendroth am 12. und 13. März 1982 mit Frank Deppe, Klaus Fritzsche, Georg Fülberth, Christoph Jetter und Gert Meyer geführt hat; für die Druckfassung wurde er im Sommer 1982 von den Autoren überarbeitet.

Die Beteiligten hoffen, daß Friedensbewegung und Arbeiterbewegung zur Abwehr der uns allen drohenden Gefahren zusammenfinden und daß insbesondere die Reflexion geschichtlicher Erfahrungen, wie sie hier versucht wird, dazu einen Beitrag leisten kann.

Zur Person

Wolfgang Abendroth wurde 1906 in Wuppertal geboren. Schon seit seiner Jugend gehörte er der Arbeiterbewegung an. In den Jahren der Weimarer Republik war er zunächst Mitglied der KPD, dann der KPD (Opposition) um Brandler und Thalheimer; nach deren Spaltung Ende 1932 arbeitete er in der Gruppe „Neubeginnen". Während der faschistischen Diktatur arbeitete er im Widerstand; 1937 wurde er verhaftet und wegen „Hochverrat" zu vier Jahren Zuchthaus verurteilt. 1943 wurde er zum Strafbatallion 999 eingezogen und in Griechenland eingesetzt. Dort schloß er sich der Partisanenbewegung an und geriet schließlich in britische Kriegsgefangenschaft. Nach seiner Entlassung Ende 1946 wirkte er als Professor der Rechtswissenschaft in Leipzig und Jena.

1948 verließ er die SBZ. Er wurde zunächst Professor an der Wirtschaftshochschule in Wilhelmshaven und war dann von 1951 bis zur Emeritierung im Jahre 1972 Professor für Politikwissenschaft an der Universität Marburg. Danach lehrte er als Dozent an der Frankfurter Akademie der Arbeit des DGB, dessen aktives Mitglied er seit Jahrzehnten ist.

In den fünfziger und sechziger Jahren galt seine politische Arbeit vor allem dem Kampf gegen die Remilitarisierung, gegen die Atombewaffnung und gegen die Notstandsgesetze.

1962 wurde er aus der SPD, der er nach Kriegsende beigetreten war, ausgeschlossen, weil er den SDS auch nach dessen Verdrängung aus der SPD weiter unterstützte. Abendroth nahm aktiv Anteil an der APO und der Studentenbewegung und engagierte sich in der Bewegung gegen die Berufsverbote wie in der Friedensbewegung.

Wichtige Schriften von Wolfgang Abendroth sind:
Die deutschen Gewerkschaften (1954); Bürokratischer Verwaltungsstaat und soziale Demokratie (1955); Aufstieg und Krise der deutschen Sozialdemokratie (1964); Sozialgeschichte der europäischen Arbeiterbewegung (1965); Das Grundgesetz (1966); Antagonistische Gesellschaft und politische Demokratie (1967); Arbeiterklasse, Staat und Verfassung (1975); Ein Leben in der Arbeiterbewegung. Gespräche, aufgezeichnet und herausgegeben von B. Dietrich und J. Perels (1976). Im Verlag Arbeiterbewegung und Gesellschaftswissenschaft ist 1977 erschienen: Abendroth-Forum, Marburger Gespräche aus Anlaß des 70. Geburtstags von Wolfgang Abendroth.

Die Gesprächspartner Wolfgang Abendroths, im wissenschaftlichen und gewerkschaftlichen Bereich tätig, gehören zu seinem Schüler- und Freundeskreis.

1. Rüstungsentwicklung und die Zukunft der Menschheit

K. F.: Wolf, wenn man die Rüstungsentwicklung in den letzten Jahrzehnten, seit dem Abwurf der ersten Atombombe, betrachtet, dann ist die qualitative Veränderung unübersehbar: Heute steht eine Kapazität zur mehrfachen Vernichtung der gesamten Menschheit bereit. Und insbesondere seit es den Brüsseler Rüstungsbeschluß vom Dezember 1979 gibt, hat sich in breiten Kreisen der Bevölkerung Europas, nicht zuletzt auch in der Bundesrepublik, die Einschätzung verbreitet: Wir sind am Ende der Geschichte angekommen; es gibt keine Hoffnung auf die Zukunft mehr; es lohnt sich nicht, noch für irgendetwas weiter zu kämpfen.

W. A.: Theorien der Hoffnungslosigkeit sind immer verfehlt. Auswege hat es in noch so katastrophalen Lagen der Weltgeschichte immer wieder gegeben und kann es auch heute geben.
Natürlich hat heute die Theorie der Hoffnungslosigkeit eine reale Grundlage, weil nämlich im Fall eines Krieges jede Zivilisation total ausgelöscht werden kann. Das macht es aber für die Bevölkerung nur um so dringlicher, gegen diese Gefahr zu kämpfen. Und aussichtslos ist dieser Kampf nicht. Wir müssen ja bedenken, Kriegführen heißt heute auch für die herrschenden Klassen, ihre eigene Existenz zu riskieren. Selbst wenn man sich in noch so große unterirdische Bunker zurückzieht, die Produktivkräfte stehen nach einer solchen Katastrophe niemandem mehr zur Verfügung. Und das weiß, wenn ein Generalstab langfristig denkt, auch dieser Generalstab. Und das weiß ganz gewiß jede Gruppierung des Monopolkapitals, die ansonsten mit dem Krieg spielen würde. Deshalb besteht immer wieder die Chance, die Gefahren zurückzudrängen, wenn nur Bewegungen entstehen, die stark genug sind, um dies Zurückdrängen zu tragen.

K. F.: Angesichts der gegebenen Lage ist aber doch zu fragen: Handelt es sich wirklich nur um Theorien der Hoffnungslosigkeit – oder um realistische Einschätzungen absehbarer Perspektiven?

W. A.: In einem sind diese Einschätzungen realistisch: Wenn es zur Explosion der Rüstungsmittel gegeneinander kommt, sind die Chancen der Menschheit, zu überleben und irgendeine Zivilisation hinüberzuretten, außerordentlich gering, viel geringer als bei jedem vergangenen imperialistischen Krieg, viel geringer als bei jeder – denken wir an die Zeit vor der industriellen Entwicklung zurück – Katastrophe des assyrischen, des römischen oder sonst irgendeines Weltreiches. Deshalb steht heute die Alternative, wie sie am Ende des Spartakusprogramms formuliert ist: „Sozialismus oder Untergang in der Barbarei", in einer unmittelbaren Realität. Vielleicht ist sogar noch schärfer zu formulieren: Sozialismus und damit Überwindung jeder Kriegsgefahr oder Untergang jedes hochdifferenzierten Lebens in der Welt überhaupt, nicht nur des Lebens der Menschen. Die Gefahren sind also durchaus real, aber ebenso real sind die Chancen, diese Gefahr einzudämmen und zuletzt zu beseitigen. Über die Zukunft ist jedenfalls noch nicht entschieden.

K. F.: Problematisch scheint mir an Deiner Einschätzung die Annahme zu sein, die angesprochenen Gruppierungen des Monopolkapitals hätten es sozusagen kraft rationaler Überlegung jederzeit in der Hand, die Entwicklung zu kalkulieren und zu steuern. Besteht nicht vielmehr beim heutigen Stand der Rüstungstechnik – wie ja auch schon durch mehrere Vorkommnisse belegt ist – die Gefahr, daß dieses System sich technologisch selbständig machen und durch eine Verkettung von Umständen eine Entwicklung eintreten kann, die die von Dir angenommenen, rational kalkulierenden Strategen des Monopolkapitals auch gar nicht wollen können, weil sie sie im Ergebnis aller Grundlagen ihrer Herrschaft berauben wird, mitsamt der eigenen Existenz? Und ist also nicht auch insoweit die Hoffnung auf das rationale Kalkül herrschender Gruppierungen unangebracht?

W. A.: Auch diese Gefahr besteht. Das Monopolkapital kalkuliert, weil es auf Profit kalkulieren muß und zwar auf besonderen Profit für die einzelnen Monopole, niemals voll rational, wenn rational heißt: von der Existenz der Menschheit aus denkend. Und bei einem derartigen Hochpulvern der atomaren, biologischen und chemischen Zerstörungsmittel, wie wir es heute haben, wird die Möglichkeit einer Totalkatastrophe durch Zufall zu einem ganz entscheidenden Problem. Aber das heißt doch nicht, daß die Entwicklung aussichtslos ist. Wir können zwar die Entwicklung der atomaren, der chemischen oder irgendeiner anderen Technik nur unter wirklich rationale Kontrolle bringen, wenn wir eine nicht mehr durch den Profit einzelner Gruppen gesteuerte Ökonomie haben. Aber ist es denn unmöglich, eine solche Entwicklung herbeizuführen? Und ist es nicht anzunehmen, daß bei alldem auch heute Monopolkapital plus militärische Techniker immerhin den Gefahrenpunkt auch der Auslösung durch den Zufall und der Auslösung durch Überkalkulation sehen und infolgedessen sich genötigt sehen könnten, davor zurückzuweichen? D.h., es gibt durchaus die Chance, gegenzusteuern,

um diese technische Entwicklung wieder unter die Kontrolle derer, die sie eingeleitet haben, nämlich der Menschheit, zu bringen. Und solange diese Chance fort-
besteht, besteht auch die Chance, gegen die Extermination der Menschheit zu
kämpfen.

Die generelle Forderung nach Abschaffung der atomaren Waffen, nach Abschaffung auch der chemischen und biologischen Waffen, nach Abschaffung am Ende
jeder Chance des Krieges, diese Forderung ist nicht irrational und nicht undurch-
setzbar. Setzt man sie durch, dann haben wir die Wahrscheinlichkeit der Selbst-
auslöschung der Menschheit als Problem aufgehoben. Freilich ist dies nur denkbar aufgrund gesellschaftlicher Kämpfe, bei entsprechender Veränderung der
Welt und bei ihrer Kontrolle durch dann wirklich vereinte Nationen. Das ist ein
langer Weg, denn es gibt keinerlei Grund, anzunehmen, es ließe sich von heute
auf morgen z.B. in den Vereinigten Staaten die monopolkapitalistische Produktionsweise beseitigen. Und es wäre ebenso illusionär, anzunehmen, daß von heute auf morgen die zahllosen inneren Widersprüche zwischen den sich langsam
emanzipierenden, industriell noch nicht voll entwickelten Gesellschaften aufzu-
heben wären. Diese Chance besteht nicht. Aber man kann solche Prozesse durchaus anvisieren und einleiten, nämlich durch gesellschaftliches Handeln von Menschen.

K. F.: Nun hört man gerade von jungen Leuten in der Bundesrepublik, aber auch
in anderen Ländern: Die Wahl, die wir noch hätten, sei die Wahl zwischen dem
langsamen Draufgehen durch die Umweltkrise und dem schnellen Draufgehen
durch einen globalen Krieg. In dieser Schere werde sozusagen der Lebensfaden,
die Aussicht der Menschen zerschnitten. Wie kann man denn aus Deiner Sicht
diese Probleme miteinander vermitteln oder gegeneinander abwägen? Wie verhält sich der Kampf gegen die ökologische Katastrophe zum Kampf gegen die
Kriegskatastrophe?

W. A.: Die Kriegskatastrophe ist natürlich nur eine Seite des Problems. Die ökologische Katastrophe ist eine andere Seite, die in ihrem vollen Umfang erst in den
letzten Jahrzehnten von größeren Teilen der Menschheit begriffen worden ist.
Übrigens hat ein gewisser Karl Marx dieses Problem sogar schon in den „Grund-
rissen zur Kritik der Politischen Ökonomie" anvisiert, unter den Bedingungen des
noch liberalen, zudem des noch nicht über die ganze Welt verbreiteten Kapitalismus. Diese ökologische Katastrophe, die sich weithin bereits vorbereitet, steht
mit der Kriegskatastrophe in unmittelbarem Zusammenhang. Beide stehen als

Drohung über der Existenz der Menschheit. Beide können nur – und müssen – durch eine sich organisierende gesamte Menschheit abgewendet werden. Es gibt also bei realistischer Analyse gar nicht die Möglichkeit, sich auf den Kampf gegen eine der beiden zu beschränken.

K. F.: Mancher, der diese Ausführungen liest, wird jetzt wohl sagen, Du seist als Marxist zum Optimismus verpflichtet.

W. A.: Das sehe ich nicht ganz so. Ich prognostiziere ja gar nicht, daß wir in der Lösung dieser Probleme in jedem Fall siegen werden, sondern ich behaupte nur, daß wir siegen können. Wohlgemerkt, es gibt viele geschichtliche Beispiele von Weltreichen, die ihre inneren, auch ihre sozialen und Klassenprobleme nicht lösen konnten und daran zugrunde gegangen sind. So hat z.B. das Römische Reich zuerst seine alten Getreidequellen ruiniert – man denke an Ägypten und Sizilien –, dann seine alten Waldquellen ruiniert – man denke an Dalmatien und an Nordafrika – und durch solche Prozesse die Welt so sehr verändert und seine eigenen Grundlagen so sehr zerstört, daß es in dieser Form gar nicht weiterexistieren konnte. Damals konnte es keine Lösung geben, weil die zugrundeliegenden gesellschaftlichen Probleme nicht erkannt und nicht bearbeitet und von keiner Klasse aufgegriffen wurden, die eine rationale Umorganisation hätte leisten können.

Das ist am Ende der sozusagen einheitlichen Gestaltung der Welt durch den industriellen Kapitalismus, heute durch den Monopolkapitalismus, anders. Heute stellen sich nahezu überall diese Probleme in gleicher Weise. Wir begreifen sie langsam und sehr verspätet, nachdem wir schon Unheil sondergleichen angerichtet haben, gerade auch nach der ökologischen Seite hin. Dies gilt auch für spätentwickelte, nichtkapitalistische Gesellschaften. Man denke hier z.B. an die Entwicklung der Produktivkräfte in der UdSSR, wo die Umweltprobleme um der Konkurrenz mit der kapitalistischen Weltwirtschaft willen jahrzehntelang überhaupt nicht in Angriff genommen worden sind. Heute stehen diese Probleme sogar schon in einem Teil der sich entwickelnden Länder auf der Tagesordnung, die sie durch das negative Vorbild der Entwicklung in den kapitalistischen Ländern zu begreifen beginnen. Und damit wird das Problem prinzipiell lösbar. Denn ein Problem, das sich die Menschheit stellt, kann, wenn die Machtverhältnisse entsprechend gestaltet werden, auch gelöst werden.

K. F.: Nun wird ja vielfach die These vertreten – z.B. von Edward P. Thompson –, daß die beiden Weltsysteme, angeführt durch ihre Führungsmächte, sozusagen wie ein ineinander verknäueltes Paar von Kämpfern dem Abgrund zurollten und gar keine Möglichkeit mehr bestehe, diese gegenseitige Verklammerung und diesen Eskalationsmechanismus zurückzudrängen, so daß die sozialen Kräfte, die sich von unten mobilisieren könnten, in einem ungeheuren Mißverhältnis zu der Aufgabe stünden, die sie bewältigen müßten.

W. A.: Auch diese These hat natürlich eine richtige Seite. Denn auch ein sozialistisches System kann nur als internationales System, und d.h. unbeeinflußt durch negative Strukturen und Prozesse aus kapitalistischen Systemen heraus, wirklich rational funktionieren. Und es ist zweifellos so, daß negative Entwicklungen der kapitalistischen Welt die sozialistische Welt in ihren Bann zwingen. So hat die Hochaufrüstung des „Dritten Reiches" die Sowjetunion zur entsprechenden Hochaufrüstung gezwungen. Und die atomare Hochaufrüstung der USA hat die Sowjetunion zur Repetition atomarer Hochaufrüstung gezwungen und tut es heute noch.

Nur, sind die Probleme deshalb unlösbar? Oder sind deshalb die Systeme identisch geworden? Das sind negative Spiegelungen aus dem einen System in das andere, die sich zudem mit barbarischen Konsequenzen versehen und dann Negativa erzeugen, die rational – d.h. zur Verteidigung der Existenz des sozialistischen Systems – unnötig sind, man denke an den Hochstalinismus in der UdSSR. Aber das heißt nicht, daß eine noch so negativ entwickelte UdSSR in der Zeit des Stalinismus etwa mit der entsprechenden Entwicklung in den kapitalistischen Ländern, nämlich dem Faschismus, identisch geworden wäre.

Solche Entwicklungen und solche Verknäuelungen sind im übrigen von vielen Seiten aus durchbrechbar, vor allen Dingen durch Massenbewegungen im kapitalistischen Weltsystem selbst, das immer noch das ökonomisch übermächtige ist.

K. F.: Marx hat einmal formuliert, die Menschheit stelle sich nur Aufgaben, die sie auch lösen könne. Die Frage ist, ob man einen solchen Satz angesichts der Erfahrung der letzten 30 Jahre noch festhalten kann.

W. A.: Ich würde ihn durchaus festhalten. Die Menschheit stellt sich in den Krisenprozessen, die wir heute in allen Systemen haben, Aufgaben, die sie eventuell lösen kann. Dieses Wort eventuell steht ja bei Marx sozusagen in Klammern daneben. Die Aufgaben können nämlich dann gelöst werden, wenn auf deren rationale Bewältigung zielende gesellschaftliche Kräfte stark genug werden, um die Lösung zu erzwingen.

F. D.: Für diesen Fragenkomplex sollten wir noch auf ein weiteres Problem eingehen. Wir haben über die Zukunftsangst und Hoffnungslosigkeit vor allem bei jungen Menschen gesprochen und wir haben die Beziehungen zur Gefahr des Krieges und zu den ökologischen Widersprüchen angedeutet. Nun ist es – geschichtlich betrachtet – keineswegs neu, daß sich eine bestimmte Epoche durch ein allgemeines Klima der Zukunftsangst, des Pessimismus und der Perspektivlosigkeit auszeichnet. Die untergehende feudalaristokratische Klasse des 18. Jahrhunderts ahnte die Revolution, als sie proklamierte „Nach uns die Sintflut!", und brachte darin ihr dekadentes Bewußtsein auf den Begriff. Heute ist für viele junge Menschen die Erfahrung von Hoffnungs- und Perspektivlosigkeit aber nicht nur auf die Gefahr eines Krieges und einer ökologischen Katastrophe bezogen; denn sie sind doch ganz massiv mit den Erfahrungen der Massenarbeitslosigkeit, des Sinnverlustes der Berufsausbildung, eines wachsenden Drucks – sozial, ökonomisch und ideologisch – konfrontiert. Es wäre also die Frage, wie sich diese verschiedenen Erfahrungsebenen konkret vermitteln.

W. A.: Es ist richtig, daß Zukunftsangst als herrschendes Bewußtsein in einer herrschenden Klasse stets dann entsteht, wenn eine historische Epoche und die gestaltende Rolle dieser herrschenden Klasse in ihr zu Ende gehen. Das sehen wir am Ende des Feudalismus wie am Ende jeder anderen Epoche. Ich bin überzeugt, man kann es auch in jeder nationalen Geschichte im Detail nachvollziehen. Und dieses Problem spiegelt sich selbstverständlich, weil nämlich in jeder Gesellschaft das Bewußtsein der herrschenden Klasse das Gesamtbewußtsein der Gesellschaft bestimmt, auch in den Vorstellungen unterdrückter Klassen – jedenfalls solange sie sich nicht daran machen, ihre eigenen Interessen durchzukämpfen. Infolgedessen rutscht in einer so katastrophalen Periode wie der, in der wir leben, das Bewußtsein, das im Grunde in der ganzen herrschenden Klasse steckt, in die junge Generation auch der unterdrückten Klassen dieser Gesellschaft, ja partiell sogar der unterdrückten, noch unentwickelten Nationen hinein.
In der Bundesrepublik ist dieses Zukunftsangstbewußtsein der jungen Generation stärker als in anderen europäischen Ländern. Ganz einfach deshalb, weil sich in der Bundesrepublik Deutschland als einem ökonomisch fortgeschrittenen Land die Probleme massiv gesteigert haben und weil selbständiges Bewußtsein mit einer potentiell optimistischen Prognose in der Klasse der abhängig Arbeitenden aufgrund der historischen Bedingungen hier am schwächsten entwickelt ist. Und daher ist es ohne Zweifel so, daß von den 300 000 oder 350 000, die am 10. Oktober 1981 in Bonn demonstriert haben, mindestens 200 000 ein im Grunde pessimistisches Bewußtsein der Art haben: Wir sind zwar berufen, diese Frie-

densdemonstration zu machen, anders haben wir gar keine Chance; aber erreichen werden wir aller Wahrscheinlichkeit nach nichts. Dieses Bewußtsein verdankt sich einer geschichtlichen Entwicklung, in der es der herrschenden Klasse gelungen ist, selbständiges kritisches Bewußtsein in den Unterklassen fast auf den Nullpunkt zu bringen. Die wichtigste Aufgabe heißt deshalb, trotz dieser Vorbelastungen ein Bewußtsein von den eigenen positiven Handlungsmöglichkeiten zu schaffen.

G. M.: Teilweise speist sich ein solcher Zukunftspessimismus auch aus Theorien einer angeborenen Aggressivität des Menschen. Diese Theorien werden vor allem von Vertretern der biologischen und psychologischen Wissenschaften verbreitet. Die Menschen sind in dieser Sicht angeboren aggressiv, und das heißt beim jetzigen Rüstungsstand: sie neigen zum kollektiven Selbstmord.

W. A.: Gibt es angeborene Aggressivität? Es gab sicherlich bisher in der gesamten Menschheitsgeschichte Aggressivität als Ergebnis konkret bestimmter gesellschaftlicher Strukturen und konkret bestimmter gesellschaftlicher Notwendigkeiten. Aber ist sie deshalb biologisch bedingt und damit zwangsmäßig gegeben? Aggressivität der Individuen gegeneinander wird es in jedem Fall noch sehr lange Zeit geben, selbst dann noch, wenn wir zu einer internationalen kommunistischen Produktionsweise gelangt wären, die funktioniert. Denn kulturelle Entwicklungen reißen nicht von einem Tag auf den anderen ab, sondern bauen sich nur in ungeheuer schwierigen und langwierigen Prozessen ab.
Aber diese sozusagen personellen Aggressivitäten sind ja auch keineswegs die Grundlage der Gefahren, vor denen wir heute stehen, sondern das sind Aggressivitäten von gewaltigen gesellschaftlichen Systemen antagonistischer Art, die miteinander konkurrieren und womöglich zuletzt keinen anderen Ausweg mehr sehen, als eventuell – sagen wir einmal um der afghanischen Frage willen – in einem totalen Zufall in die gegenseitige Vernichtung hineinzutäumeln. Die personelle Aggressivität ist überwindbar und aufhebbar. Die gesellschaftliche Aggressivität von Gruppen gegeneinander, von Staaten gegeneinander, ist hingegen nur zähmbar und aufhebbar durch andere Formen gesellschaftlicher Organisation.
Im übrigen sollte zu denken geben, daß es geradezu konstitutiv für faschistische und faschistoide Bewegungen ist, personelle Aggressivität zur Grundlage von Theorie und zur Legitimation ihrer Politik zu machen. Wir sollten auch der jungen Generation an den Ergebnissen des Zweiten Weltkrieges immer wieder deutlich machen, wohin solche Vorstellungen führen.

K. F.: Du hast vorhin gesagt, pessimistisches Bewußtsein sei nichts Neues. Andererseits hat es an realen Anlässen für pessimistische Zukunftseinschätzungen wohl noch nie in der Menschheitsgeschichte so viel gegeben wie heute. Nun ist aber Deine Antwort auf diese Lage ja gerade nicht, sich in Verzweiflung zu flüchten, sondern eine Perspektive offenzuhalten. Unter welchen Bedingungen könnte denn überhaupt der Gang der Geschichte, wie er in den letzten Jahrzehnten gewesen ist, noch für die Menschheit gewendet werden?

W. A.: Er könnte gewendet werden, wenn wir erstens – und da ist gerade in den letzten Jahrzehnten schon viel geschehen – die imperialistische Aggression gegen schwache, unterentwickelte Nationen und wenn wir zweitens die Tendenz imperialistischer, aggressiver Staaten zur Überwältigung anderer Staaten aufheben. Nur wenn dies gelingt, können wir tatsächlich diese Gefahr beseitigen. Bis dahin können wir sie nur zurückdrängen. Daß hier aber Hoffnungslosigkeit verfehlt ist, das haben wir gerade in den Jahrzehnten seit dem Zweiten Weltkrieg in vielfältigen Entwicklungen bemerken können. Die Emanzipation eines großen Teils der Kolonialvölker – mit welchen Widersprüchen, mit welchen Fehlern auch immer – hat sich durchgesetzt. Trotz Algerienkrise, trotz Vietnamkrieg, trotz aller dieser Unterdrückungsmaßnahmen.

Solche Prozesse sind auch nichts Neues. Als sich die bürgerliche Revolution in den ökonomisch fortgeschrittenen Ländern durchgesetzt hatte, gab es hier keine Leibeigenschaft und keine anderen Formen faktischer Sklavenhaltung mehr, wenn man davon absieht, daß sie dann andere Völker in Leibeigene und Sklaven verwandelt haben. Aber diese bürgerliche Revolution hat auch ihre Debakelperioden durchlebt, bevor sie sich durchsetzen konnte: im Laufe der großen Englischen Revolution des 17. Jahrhunderts ebenso wie in der Französischen Revolution. In allen diesen Fällen war es jedoch am Ende möglich, den positiven Akzent der Entwicklung wieder durchzusetzen, z.B. trotz des Jahres 1815 und der Heiligen Allianz, die glaubte, diese ganzen Probleme begraben zu haben. Sie konnte sie nicht begraben, und sie hat sie nicht begraben, weil bestimmte Klassen und soziale Gruppen – über alle Schwierigkeiten und über lange erfolglose Phasen hinweg – das vorher erlangte Bewußtsein festhalten konnten. Trotz des Jahres 1815 kam 1830. Trotz des Debakels der sozialistischen Revolutionsbewegung nach dem Ersten Weltkrieg und vielfältiger Niederlagen kam es immer wieder zum Aufflackern sozialistischer Ideen. Und auch die Aufrechterhaltung der humanitären sozialistischen Grundtendenzen der UdSSR trotz der Überwältigung durch ihre inneren Schwierigkeiten, durch die Inhumanitäten etwa der Stalinperiode, die die Verfassung von 1936 in eine Farce zu verwandeln schienen, und trotz des

Ansturms des Faschismus, gehört in diesen Zusammenhang. Wir haben keinen Grund, um der vielfältigen Niederlagen willen, die wir erlebt haben, anzunehmen, die Menschheit erlebe nur Niederlagen in ihrer Entwicklung, auch wenn wir noch so bittere Perioden durchmachen müssen.

K. F.: Aktuell gesehen ist ja auch die Entwicklung der Friedensbewegung selbst, gerade unter den Bedingungen dieses Landes, gerade unter dem massiven Druck gegen sie, ein Zeichen der Hoffnung und im Grunde ein lebender Beweis dafür, daß es nicht vorherbestimmt ist, wie sich Geschichte weiterhin vollzieht.

2. Zur Geschichte der Friedensbewegung in der Bundesrepublik

G.F.: Versuchen wir das, was Du eben gesagt hast, auf die Entwicklung der Friedensbewegung in der Bundesrepublik und ihre Geschichte anzuwenden. Du hast gesagt, es würde Dich nicht wundern, wenn von den 300 000 am 10. Oktober 1981 in Bonn vielleicht 200 000 an ihr Beginnen sehr pessimistisch herangegangen wären, zwar kämpfen wollten gegen diesen NATO-Aufrüstungsbeschluß, aber vielleicht nicht allzu viel Hoffnung haben, daß sie gewinnen werden. Und es könnte nun ja sein, daß die bisherige Geschichte der Bundesrepublik und ihrer Friedensbewegung einer solchen pessimistischen Sicht auch eine gewisse Grundlage bietet. Konkret: Wir haben jetzt die dritte Auseinandersetzung mit einem Großrüstungsprojekt der NATO. Die erste war von 1949 bis 1955. Ende 1949 gibt Adenauer deutlich zu erkennen, daß er einen sogenannten Wehrbeitrag will. Es kommt dann ab 1950 eine starke Friedensbewegung. 1955 hat Adenauer gewonnen, 1955 ist er und sind wir alle in der NATO.

W.A.: Und 1956 kommt die entsprechende Grundgesetzänderung mit Zustimmung der Oppositionspartei.

G.F.: Es kommt die Wehrverfassung durch. 1957 geben dann Strauß und Adenauer zu erkennen, daß sie eine Ausstattung der Bundeswehr mit Atomwaffen wollen. Dagegen wehrt sich eine neue Welle der Friedensbewegung seit dem Frühjahr 1957. Stichwort: „Göttinger Achtzehn". Und 1958 sind zumindest die Träger- und Abschußwaffen da. Die Aktion „Kampf dem Atomtod" und andere Kampagnen im Frühjahr/Sommer 1958 kommen praktisch schon zu spät. Das ist die zweite große Niederlage. Jetzt könnte man fragen: Stehen wir etwa in der Auseinandersetzung mit dem Aufrüstungsbeschluß der NATO vom Dezember 1979 vor der dritten Niederlage, die dann ja wohl mit dem Jahr 1983 zu datieren wäre?

W.A.: Ich bin der letzte, der die Möglichkeit von Niederlagen und Deine Darstellung bestreiten würde. Ich möchte sogar zunächst die pessimistische Sicht der Dinge noch durch eine Überlegung bestärken.
Als 1950 die Bewegung gegen die Wiederaufrüstung zustandekommt, ist sie we-

sentlich stärker als die heutige Freidensbewegung, selbst nach Bonn. Macht euch da keine Illusionen. Das hat verschiedene Gründe. Zunächst finden wir damals in der Arbeiterklasse noch Momente eines kämpferischen Klassenbewußtseins, das es in dem Maße heute nicht mehr gibt. Es verbindet sich teilweise mit dem Wirken der Widerstandskämpfergeneration, die damals noch nicht ausgestorben oder so geschwächt ist wie heute. Besonders wichtig aber ist: Wir haben da die Millionenmassen, die aus der Kriegsgefangenschaft zurückkommen und erklären: „Wir lassen uns nicht noch einmal verheizen!" Die nachwachsende Generation ist derselben Meinung gewesen. Wenn man damals Meinungsumfragen im heutigen Sinn gehabt hätte und wenn die funktioniert hätten, dann wären sicher siebzigprozentige Mehrheiten gegen die Wiederaufrüstung, gegen die EVG, gegen den NATO-Eintritt und somit gegen die Eingliederung in potentielle Kriegsfronten zustandegekommen. Obwohl die antikommunistische Welle damals schon sehr stark ist, hat eine Volksbefragungsaktion über die Wiederbewaffnung damals Millionen auf die Beine gebracht, das Mehrfache der Unterzeichner des heutigen Krefelder Appells. Hinzukommt, daß damals immerhin noch eine große politische Partei wenigstens formell gegen die Wiederbewaffnung ist, nämlich die Sozialdemokratie. Zwar ist die Gewerkschaftsspitze für die Remilitarisierung, schon Böckler, vor allem aber sein Nachfolger, Fette. Aber die Bewegung ist so stark, daß sie die Gewerkschaftsführung umstülpen kann. Fette wird nicht wiedergewählt, sondern sein Gegenkandidat, und Fettes Stellvertreter vom Hoff, der ebenfalls für die Wiederbewaffnung war, wird auch zum Teufel gejagt. Das alles zeigt, wie die Bevölkerungsstimmung damals war.

Nur: diese ganze Bewegung hat schließlich nichts bewirken können. Die Regierung setzt sich, wenngleich leicht verzögert, durch. Zu den Gründen dafür gehört, daß diese Bundesrepublik etwa gleichzeitig in den ökonomischen Aufstiegsboom hineinkommt, zweifellos auch angestoßen durch den Marshall-Plan, aber keineswegs allein durch diesen. Es kommen weitere wirtschaftliche Anstöße hinzu. Man denke an den Koreakrieg: da tritt die Bundesrepublik in eine Exportlücke ein, welche die USA durch ihr militärisches Engagement öffnen mußte. Vor diesem Hintergrund vollzieht sich die Integration der Bundesrepublik in ein internationales militärisches System, das ja auch vorher schon auf deutschem Boden präsent war: die Truppen, welche hier standen, waren der NATO ja schon eingegliedert. Die Bundesrepublik stößt als bisheriger nicht-souveräner Fremdstaat gegenüber der NATO also gleichsam nur noch von innen zu einem Militärsystem dazu, welches auf ihrem Territorium eh schon bestand. Der ökonomische Wiederaufstieg aber ist so ungeheuer, daß die antimilitaristische Bevölkerungsstimmung langsam ins Nichts schwimmt. Die Leute glauben einfach nicht mehr daran, daß man mit Wahlen, mit Demonstrationen etwas ändern kann. In den gesellschaftlichen Organisationen rutschen die Spitzen generell auf die andere Seite. Formell mag das nicht für die Gewerkschaften gelten. Da haben wir ja immerhin den Beschluß des DGB-Bundeskongresses 1954 gegen die Remilitarisierung. Von den einzelnen Industriegewerkschaften ganz zu schweigen; da sah es teilweise noch viel besser aus. Alles das lag vor. Aber das waren formelle Beschlüsse. Niemand glaubte mehr an Erfolge. Was die Sozialdemokratie angeht, so gliedert sie sich 1956 durch ihre Zustimmung zur Wehrverfassung ganz einfach ein, in der Hoffnung, dadurch koalitionsfähig zu werden. Die Bewegung war also geschlagen.

Das Problem wird dann wieder aktuell durch die Stationierung amerikanischer Atomwaffen in der Bundesrepublik Deutschland und die Bestrebungen hier, auch die Bundeswehr mit Atomwaffen auszustaffieren. Dagegen rebellieren Intellektuelle, dagegen macht ein Teil der früheren Opposition mobil, und selbst die Sozialdemokratische Partei Deutschlands und die Gewerkschaftsspitze, so angepaßt sie inzwischen generell auch waren, steigen ein. Der Druck der Volksbewegung war so stark, daß diese Reaktion einfach nahelag. Gut und schön – aber das fließt alles wieder ins Nichts. Die Abwehrbewegung ist zum zweiten Mal geschlagen. Und nachdem die Sozialdemokratie sich aus der antimilitaristischen Opposition ausgeschaltet hat – siehe den Beschluß des Stuttgarter Parteitags – ist kein Gerippe mehr da, um diese Massenbewegung aufrechtzuerhalten. Und bei der geringen Kontinuität von oppositionellem Bewußtsein in der Bundesrepublik Deutschland – auch ein besonderes Problem! – scheint alles vergessen und verstaubt zu sein, bis auf kleine Reste, die sich in der Ostermarschbewegung halten, und bis auf die illegalisierten Reste der Kommunistischen Partei. Das Problem scheint vom Tisch gefegt zu sein – nur jetzt mit dem Unterschied, daß nun doch breitere Kader übrigbleiben als vor der Bewegung gegen die Wiederbewaffnung. Und so gibt selbst diese zweite Niederlage keinen Anlaß zu totaler Verzweiflung. Und jetzt die Friedensbewegung der achtziger Jahre – sie beginnt ja auch damit, daß sie erst einmal fast überall verketzert ist. Und es war ja amüsant zu sehen, wie vor der Oktoberkundgebung die Bonner Parteien und ihre Spitzen nahezu ausnahmslos tobten und auch die Spitzen fast aller gewerkschaftlichen Apparate durchdrehten, wie sie dann aber unter dem Druck einer großen Demonstration ganz einfach ihre Terminologie verändern müssen. Insofern gibt selbst die Änderung der Terminologie, die dann stattgefunden hat, Anlaß zur Hoffnung. Man kann diesen Kampf gegen die Stationierung einer neuen Art von Atomwaffen in dieser Bundesrepublik Deutschland, die ohnehin das atomwaffendichteste Gebiet in der ganzen Welt ist, gewinnen. Man **kann** gewinnen. Das heißt nicht, daß es absolut sicher ist, aber wir haben die Chance. Und tatsächlich ist ja auch das Einschwenken dann der USA wenigstens auf die Phrase von möglicherweise erfolgreichen Rüstungseindämmungsverhandlungen sozusagen ein Fernprodukt dieser Bewegung in der Bundesrepublik. Das gibt Anlaß zur Hoffnung.

G. F.: Deine These ist also, daß die Friedensbewegungen der fünfziger Jahre zwar zweimal schwer geschlagen wurden, daß sie aber nicht völlig aufgerieben werden konnten, mehr noch: daß zumindest in der Protestwelle gegen die atomare Ausrüstung der Bundeswehr neue Kräfte rekrutiert werden konnten. Also: zwar objektiv, in der Sache, Niederlagen, subjektiv aber Sicherung eines Stamms von Mitstreitern, von denen zumindest einige in den verlorenen Kämpfen der fünfziger Jahre neu hinzugewonnen werden konnten und die antimilitaristische Tradition, vor allem über die Ostermärsche, während der sechziger Jahre trugen. Du hast mich jetzt aber auf den Gedanken gebracht, daß man die These von der zweifachen Niederlage in der Sache selbst, also die objektive Seite, auch noch einmal untersuchen müßte. Es wäre zu fragen: Haben diejenigen, die ab 1950 die EVG wollten und ab 1957 Atomwaffen, ihr Ziel denn wirklich in dem Maße erreicht, das sie zunächst anstrebten? Oder mußten sie nicht doch Abstriche machen, die auf die Gegenwehr der Friedensbewegung zurückgeführt werden können? Versuchen wir einmal, diese Frage auf das Ergebnis des Jahres 1955 anzuwenden. Adenauer hat es tatsächlich geschafft, in die NATO reinzukommen. Aber das Projekt der Europäischen Verteidigungsgemeinschaft ist gescheitert. Es gibt also nicht die zunächst geplante Westeuropäische Armee, die eine ungeheure, hochintegrierte militärische Zusammenballung direkt an der Systemgrenze gewesen wäre, wahrscheinlich operativ zumindest mittel- wenn nicht sogar kurzfristig sehr schlagkräftig. Sie hätte auch wohl rasch zum Einsatz kommen müssen, um nicht alsbald wieder zu zerfallen. Das alles haben wir nun aber nicht, sondern stattdessen die Mitgliedschaft der Bundesrepublik in klassischen Militärbündnissen, nämlich in der Westeuropäischen Union und in der NATO. Adenauer hat diese Modifikation seines Vorhabens immer als eine Niederlage gesehen. Und jetzt stelle ich die Frage, ob das nicht auch ein Stück Erfolg der Friedensbewegung ist.

W. A.: Das ist es zum Teil, ohne jeden Zweifel. Man muß bedenken: Hätte Adenauer sein Konzept rasch – sagen wir einmal: 1953 – durchsetzen können, dann wäre das zeitlich mit einer Phase US-amerikanischer Politik zusammengefallen, in der die US-Amerikaner ernsthaft mit dem Konzept des „Roll back" durch Gewaltaktionen gespielt haben. Adenauer hat wohl ziemlich realistisch darauf spekuliert, daß in der EVG die Bundesrepublik bald der ausschlaggebende Faktor geworden wäre. Sie hätte dann – in Übereinstimmung mit der „Roll-back"-Politik – darangehen können, die DDR und die neuen polnischen Westgebiete auf ihre Weise zu „befreien". Wäre das geschehen, so wäre das die unmittelbare Gefahr eines Dritten Weltkrieges und einer welthistorischen Katastrophe geworden.

G. F.: Das heißt doch, Adenauer ist 1954 gestolpert.

W. A.: Sein Ziel hat er praktisch nicht erreichen können, und es bleibt das ungeheure Verdienst der Friedensbewegung, daß sie durch diese Verzögerung, die sie erzwungen hat, doch eine potentielle Katastrophe abgewendet hat.

F. D.: Das scheitert ja 1954 am Veto der französischen Nationalversammlung. Werden wir da nicht auf einen Punkt aufmerksam gemacht, der auch für uns wichtig ist: den internationalen Zusammenhang der Friedensbewegung? Denn das Veto der französischen Nationalversammlung beruhte interessanterweise auf einer Mehrheit von Gaullisten, Kommunisten und einem Teil der Sozialisten, der nicht nur gegen die deutsche Wiederaufrüstung, sondern auch gegen diese Form der Einbeziehung Westdeutschlands in die EVG war. Wir haben damals eine starke Gegenbewegung in Frankreich und in Italien. Ist das nicht ein wichtiges Beispiel, wie auch der internationale Charakter der Friedensbewegung Entscheidungen hier bei uns sehr stark beeinflußt hat?

W. A.: Ganz ohne Zweifel! Und die Existenz der Anti-Aufrüstungsbewegung in der Bundesrepublik Deutschland hat gewiß damals in der französischen Nationalversammlung erheblich Mut gemacht zu einem Vorstoß, der dann 1954 die Ablehnung der EVG denkbar erscheinen ließ.

G. F.: Im gleichen Jahr haben wir ja auch die Genfer Indochina-Konferenz. Das heißt: die Möglichkeiten Frankreichs, sich in einem militärischen antikommunistischen Westblock binden zu lassen, sind begrenzt angesichts seiner Niederlage in Dien Bien Phu und der Notwendigkeit, dort zu einem Arrangement mit der Volksrepublik China, der Sowjetunion und der Demokratischen Republik Vietnam zu kommen. Das gehört zur Internationalität der Faktoren ja noch mit hinzu. Jetzt aber zu etwas anderem:
Du hast erwähnt, daß die Grundgesetzrevision von 1956, die Einfügung der Wehrverfassung, bereits mit der Zustimmung der überwältigenden Mehrheit der SPD-Fraktion erfolgte. Andererseits haben wir eben ja herausgearbeitet, wie die Verzögerung einer Niederlage diese selbst verkleinern kann. Für diese These gibt mir

Dein Hinweis auf die Verfassungsrevision von 1956 ein weiteres Stichwort. Denn damit – nicht erst mit der berüchtigten Rede Gerhard Schröders vor der Gewerkschaft der Polizei 1958 – beginnt ja im Grunde schon die Debatte über eine Notstandsverfassung. Es werden Überlegungen vorgetragen, daß zu einer Wehrverfassung auch eine Regelung des Ausnahmezustandes gehöre. Diese Pläne werden auf dem Höhepunkt des Kalten Krieges geschmiedet. Die Notstandsverfassung aber wird dann erst 1968 kommen, nach langen innenpolitischen Auseinandersetzungen und heftiger Gegenwehr der Außerparlamentarischen Opposition. Da haben wir doch auch einen wichtigen Verzögerungseffekt. Denn die Notstandsverfassung kommt erst zu Beginn der Periode der Entspannungspolitik zustande.

W. A.: In einer Situation, in der die unmittelbare Anwendbarkeit einer solchen Verfassung durch die reale Lage ausgeschlossen war, während eine Notstandsverfassung, hätte es sie bereits 1956 gegeben, unter Umständen auch gleich angewandt worden wäre. Ich erinnere an den Schleswig-Holsteinischen Metallarbeiterstreik. Hätte man bei diesem Streik um die Lohnfortzahlung im Krankheitsfalle, der ja in Wirklichkeit eine ganze sozialpolitische Offensive der Gewerkschaften einleitet, hätte man also da bereits eine Notstandsverfassung gehabt, so war bei der damaligen Mentalität unserer herrschenden Klasse ganz sicher, daß hart zugeschlagen worden wäre. Das war nun nicht drin, und daß das nicht drin war, ist sicherlich ein Ergebnis der Opposition gegen die deutsche Wiederbewaffnung gewesen, obwohl das Problem selbst jetzt in den Hintergrund rückte. Denn beides fast gleichzeitig: die Remilitarisierung und eine Notstandsverfassung, das ging nicht; das ging damals über die Kräfte der herrschenden Klasse.
Dabei ist völlig richtig, daß das Notstandsproblem, das jetzt anläuft, mit der Militärfrage eng verknüpft ist. Denn wenn ich einen militarisierten Staat habe, dann ist die logische Folge, daß ich für den Fall schwerer, nur durch physische Gewalt lösbarer innen- oder außenpolitischer Konflikte eine Notstandsverfassung brauche. Das ist kein Charakteristikum nur der bürgerlichen Staaten, sondern es ist ein generelles Charakteristikum, vom Problem her gesehen. Und also war es ganz klar, daß die Diskussion über die Notstandsverfassung jetzt einsetzte. Das gilt um so mehr, als für diejenigen, die die Militarisierung forcierten, diese Militarisierung ja nicht nur sozusagen eine Vorbeugemaßnahme für den Sankt-Nimmerleins-Tag sein sollte. Was die SPD angeht, so gab es da immerhin Kräfte, die bereit waren, nach der Remilitarisierung die Notstandsverfassung gleich hinterdreinzuschicken – Leber zum Beispiel –; ich will das nicht verdunkeln. Aber infolge der früheren starken Opposition gegen die Wiederbewaffnung gab es in der SPD noch

eine Gesamthaltung der Mitgliedschaft und gab es eine Haltung der Majorität in den Gewerkschaften, die hier ein sofortiges Einschwenken einfach unmöglich machte.

G.F.: Da wäre die Friedensbewegung so eine Art Scharnier gewesen.

W.A.: Die Bewegung gegen die Remilitarisierung war eine Art Scharnier, wie sich danach in der Anti-Atombewaffnungsbewegung zeigt, das die Vermittlung zur Opposition gegen die Notstandsverfassung herstellt. Die Bewegung gegen die atomare Ausrüstung der Bundeswehr wäre in Wirklichkeit ja in der Breite gar nicht möglich gewesen ohne die Friedensbewegung der ersten Hälfte der fünfziger Jahre. Und die Opposition der Reste der geschlagenen Bewegung gegen die Atombewaffnung bereitet dann die Bewegung gegen die Notstandsgesetzgebung vor.

G.F.: Stichwort: Geschlagene Opposition gegen die atomare Ausrüstung der Bundeswehr. Vielleicht sollten wir auch da einmal nachsehen, ob das wirklich eine Niederlage auf der ganzen Linie war. War es eine totale Niederlage oder nur eine Teilniederlage?
Wenn man die Äußerungen von Strauß aus dem Jahr 1957 zum Problem der atomaren Ausrüstung der Bundeswehr nachliest, dann sieht man, daß er damals – 1957 – entschieden mehr gewollt hat, als was er dann – 1958 – bekam. Er wollte ...

W.A.: Verfügungsgewalt über Atomwaffen.

G.F.: Ja, und das hat nicht geklappt. Insofern kann man nicht von einer totalen Niederlage der Opposition sprechen.

W.A.: Von einer totalen Niederlage in dem Sinne sicher nicht, daß die Bewegung ergebnislos geblieben wäre. Natürlich blieb sie nicht wirkungslos, sondern hatte Teilergebnisse, nur hat sie ihr Gesamtergebnis nicht erreichen können, und insofern war sie eine Niederlage.

G.F.: Adenauer hat in seinen Memoiren berichtet, daß auch er mehr wollte als nur Trägerwaffen und Abschußgerät. Er wollte den Verzicht auf die Produktion von Atomwaffen, den er 1954 notgedrungen leistete, durch eine Arbeitsteilung mit Frankreich umgehen. Die Bundesrepublik sollte Forschungs- und Entwicclungsarbeit auf diesem Gebiet leisten, die dann in eine französische Atomwaffenfertigung eingebracht werden sollte. Also im Grunde eine Art Ko-Produktion. Das hat er auch nicht geschafft.

W. A.: Das ist richtig, und das bleibt ein Ergebnis der Gesamtbewegung. Nebenergebnisse haben diese Bewegungen, auch wenn sie als ganzes ihr Ziel nicht erreicht haben, immer gehabt; vor allen Dingen – ich möchte sagen: weltpolitisch gesehen – das Nebenergebnis (wenn man so etwas ein Nebenergebnis nennen kann!), daß die Gefahr eines halbirrational vorbereiteten Angriffskrieges gegen die Ostblockstaaten auf lange Zeit abgewehrt worden ist. Die BRD hat das Ziel ihrer staats- und völkerrechtlichen Chef-Interpreten, sich als „Deutsches Reich" in den Grenzen von 1937 zu etablieren, niemals ernstlich in politische Aktionen umformen können.

G. F.: Du hast vorhin die Ostermarschbewegung der sechziger Jahre erwähnt. Das war ja nun eine Friedensbewegung, die nicht nur eine Verhinderungsbewegung gewesen ist. Wobei – nebenbei bemerkt – ja auch gefragt werden müßte, ob denn tatsächlich die Bewegungen der fünfziger Jahre nur Verhinderungsbewegungen waren, ob da nicht auch konstruktive Lösungen vorgeschlagen wurden. Aber die wurden dann ja nicht von der gesamten Breite der Bewegung einheitlich mitgetragen.
Jetzt also zum Ostermarsch. Das ist eine Bewegung, die sich ständig verbreitet hat, auch in ihrer Thematik. Sie hat angefangen als eine pazifistische Bewegung und dann mit einer ganzen Palette von Forderungen geendet: Beendigung des Vietnam-Krieges, Verzicht auf die Notstandsgesetzgebung, Errichtung eines europäischen Sicherheitssystems, Anerkennung der Oder-Neiße-Grenze und der DDR. Wie erklärst Du Dir die Politisierung dieser Ostermarschbewegung? Am Anfang war das ja nicht da.

W. A.: Am Anfang ist die Politisierung außerordentlich gering, und die Kader, die diese Ostermarschbewegung ins Leben rufen, sind zum großen Teil ethisch-pazifistisch bestimmt gewesen; das ist richtig. Die Politisierung und Verbreiterung kommt dann auch nicht einfach durch die Weiterentwicklung von Ideologien der Ostermarschbewegung, sondern sie hat ihr Ursache in der Vergrößerung der Widersprüche im sozialen System der Bundesrepublik selbst. Dabei hat durchaus auch eine Rolle gespielt, daß in der Ostermarschbewegung selbst von Anfang an neben den pazifistischen Kadern auch marxistische Restkader mitgearbeitet haben und bewußtseinsbildend wirken konnten. Das hat eine gewichtige Funktion bei der Vermittlung zu breiteren gesellschaftlichen Bewegungen gehabt. Diese

Bewegungen selbst aber, die nun zur Erweiterung der Ostermärsche beitragen, kommen ihrerseits aus, dem Scheine nach, widersprüchlichen Quellen. Hierzu gehört, daß sich die Mentalität der breiter werdenden Studentenschaft in erstaunlicher Weise und erstaunlich rasch verändert hat. Die Studentenzahlen erhöhen sich erheblich, und da kommen Generationsprobleme hinein, die sehr schwer exakt empirisch zu belegen sind und die man genauer analysieren müßte. Von da aus kommen Politisierungseffekte hinein, weil diese studentische Opposition sich ja bald ebenso in hohem Maße gegen imperialistische Politik – das Schah-Problem, das Vietnam-Problem! – richtet. Auch hierfür haben marxistisch beeinflußte Restkader Bedeutung. Ich meine damit Teile des damaligen SDS; nicht den ganzen Verband, aber immerhin Teile.

Hinzu kommt, daß die sozialen Gegensätze in der Bundesrepublik sich nun doch verschärfen und daß sich als Ergebnis davon in gewerkschaftlichen Führungskräften und auch im Einfluß gewerkschaftlicher Führungskräfte der ältesten Generation auf die jetzt heranreifende junge Generation der Gewerkschaftsjugend politisierende Effekte zeigen.

Gewiß: der wirtschaftliche Aufschwung ist bis 1966 noch da, die ökonomischen Erfolge der Gewerkschaften sind noch da; aber beides scheint gegen Mitte des Jahrzehnts doch vor einem vorläufigen Ende zu stehen. Ich erinnere an die Erhard'schen Wendungen in dieser Periode, die ganz deutlich dahin gehen, Erfolge der Gewerkschaften nun ganz energisch zu bekämpfen. Und dadurch spitzen sich – bis dahin sozialpartnerschaftlich verdeckte – Klassenkonflikte wieder stärker zu. Das vermischt sich jetzt außerdem noch mit dem Problem der Notstandsgesetzgebung, das nun endlich in eine breitere Öffentlichkeit dringt und größere Bedeutung bekommt.

3. Der internationale Kontext der Friedensbewegung — die USA

F. D.: Wir sollten noch einmal etwas genauer auf die internationalen Rahmenbedingungen der Friedensbewegung der fünfziger Jahre eingehen. Wenn man die Frage nach ihren Erfolgen bzw. ihren Niederlagen stellt, so ist diese Frage doch niemals ausschließlich aus den innenpolitischen Bedingungen heraus zu beantworten. Man muß vielmehr den internationalen Kontext, die Veränderung der internationalen Kräfteverhältnisse mit einbeziehen. Ich denke dabei also zum einen an die Veränderungen, die sich aus den „Frontverschiebungen" des Kalten Krieges im Laufe der fünfziger Jahre ergeben. Andererseits denke ich natürlich an die Wirkung der Friedensbewegung in anderen Ländern.

W. A.: Ohne jeden Zweifel! Dabei ist zunächst folgendes zu beachten: als die Auseinandersetzung um die Wiederbewaffnung in der Bundesrepublik Deutschland beginnt, haben wir eine Situation, in der die amerikanische Außenpolitik auf unbedingter Offensive besteht. Das zeigt sich im Korea-Konflikt; und es zeigt sich weiterhin bei der Einbeziehung der Bundesrepublik in die Politik der Westintegration (Montanunion, EVG). Zweifellos besteht zu dieser Zeit die aktuelle Gefahr eines militärischen Eingreifens – von mehreren Seiten aus – gegen die Sowjetunion und gegen die chinesische Revolution. Für das Verständnis der damaligen weltpolitischen Konstellationen muß man unbedingt berücksichtigen, daß mit dem Sieg der chinesischen Revolution im Jahre 1949 zugleich die amerikanische Illusion zusammengebrochen ist, man könne das Tschiang-Kai-scheck-Regime in China gegen die Kommunisten an der Macht halten. Mit dem Scheitern dieser Illusion schlägt auch die Stimmung bei den führenden Kräften in den USA um. Man ist jetzt davon überzeugt, daß eine zangenhafte, offensive Politik gegen die sozialistischen Staaten zu beginnen habe. Dabei sollte der Bundesrepublik durch die Wiederbewaffnung und ihre Einbeziehung in die EVG eine „Vorhutrolle" zufallen. Diese Strategie der USA scheiterte, denn sie lebte nicht nur von der Illusion der Dauerhaftigkeit der amerikanischen Vorherrschaft in der Welt, sondern auch von der Illusion der **Umformung** der Kolonialsysteme – **nicht ihrer Aufhebung** – entsprechend dem ökonomischen und politischen Herrschaftsanspruch der USA. Und in dieser strategischen Situation hat die Friedensbewegung in der Bundesrepublik - durch die Verzögerungen, die sie bewirkt hat, durch ihren Beitrag zum Scheitern des EVG-Projektes, das durch das französische Parlament abgelehnt wurde – unmittelbare Gefahren verhütet. Natürlich hat auch die Friedensbewegung in Frankreich daran einen erheblichen Anteil. Diese Friedensbewegung hat also – ich wiederhole – die Wiederbewaffnung nicht verhindern können. Indem sie aber einen Beitrag zur Verzögerung von Entscheidungen, und damit auch zum Scheitern der aggressivsten Strategievarianten geleistet hat, konnte sie doch Teil-Erfolge erzielen.

G. M.: Ein wesentlicher Mobilisierungsfaktor für die heutige Friedensbewegung in der Bundesrepublik waren im Jahre 1981 die Äußerungen führender Vertreter der neuen amerikanischen Regierung. Von Außenminister Haig war zu hören, daß es Wichtigeres gäbe, als im Frieden zu leben. Gesprochen wurde von atomaren Warnschüssen im Konfliktfall. Die Regierung gab die Produktion der Neutronenbombe und neuer chemischer Kampfstoffe frei. Das Militärbudget der USA wurde auf astronomische Summen erhöht. Der Weltraum, nicht mehr nur die Erde und die Atmosphäre, wurde in die militärischen Vorbereitungen einbezogen. Der weltpolitische Hegemonieanspruch der USA wurde immer deutlicher hervorgehoben. Worin besteht nun das Neue, das Spezifische des Reagan-Kurses gegenüber dem Kurs seiner Vorgänger, die ja keineswegs auf den Hegemonieanspruch der USA verzichtet hatten?

W. A.: Das Spezifische des Reagan-Kurses ist die aggressive und kurzfristige Thematisierung der gleichen Probleme, die von seinen Vorgängern als langfristige Probleme gesehen wurden. Die Reagan-Administration will den Herrschaftsanspruch der USA nicht langfristig, durch den Verzicht auf unmittelbare militärische Gewalt, sichern. Sie definiert dieses Ziel als kurzfristig zu lösende Aufgabe.

G. M.: Was sind die historischen, gesellschaftlichen und politischen Ursachen dieses neuen Kurses?

W. A.: Die wichtigste Ursache sehe ich zunächst in der Verschärfung der Weltwirtschaftskrise. Die Weltwirtschaftskrise seit den frühen siebziger Jahren, die von den USA ausging – und übrigens auch auf die Wirtschaft der sozialistischen Staaten zurückwirkt – verführt zu der Gefahr, in Katastrophenlösungen zu denken. Ein solches Denken spiegelt sich auch in der Diskussion über das Thema eines europäischen atomaren Krieges wider. Obwohl die Äußerungen von Reagan in dieser Richtung für die Entwicklung des Bewußtseins unserer Friedensbewegung von erheblicher Bedeutung waren, so darf man doch nicht übersehen, daß das Konzept der imperialistischen Außenpolitik der USA immer mit der Möglichkeit eines solchen Krieges gespielt hat; denn die Transformation der Bundesrepublik in das dichteste Atomwaffenarsenal der ganzen Welt wäre ja ohne solches Hintergrunddenken nicht vorstellbar gewesen. Dieses – wie gesagt, schon lange bestehende – Konzept wird aber gegenwärtig aktualisiert. Der europäische atomare Krieg wird als Möglichkeit ausgesprochen und damit als eine verstärkte Drohung benutzt. Das ist eine der gewichtigsten unmittelbaren Folgen der schwersten ökonomischen Krise des kapitalistischen Systems, die wir seit 1929/30 gehabt haben.

Schon die Wahl von Reagan in den USA war – aus dieser Sicht – eine Funktion der kapitalistischen Krise und – damit verbunden – der Krise des imperialen Führungsanspruches der USA. Im politischen Bewußtsein vor allem der amerikanischen „Mittelklasse" fand das Reagan'sche Programm, kurzfristig – durch eine aggressive Wendung der amerikanischen Politik – diese Krise zu überwinden, zunächst eine breite Resonanz. Damit wird eine äußerst wichtige Aufgabe, aber auch Chance der Friedensbewegung bei uns – aber auch in den anderen kapitalistischen Ländern und vor allem in den USA selbst – deutlich. Es muß ihr in ihrer ersten Phase gelingen, Verzögerungen durchzusetzen, Fristen zu gewinnen, um die mit der Wahl und der Politik der Reagan-Administration aufgebrochene kurzfristige Gefahr, nämlich die Umsetzung dieses aggressiven Programms zur Lösung der amerikanischen Krise in die Praxis zu verhindern bzw. zu blockieren. (Daß auch die Friedensbewegung der fünfziger Jahre politisch höchst wichtige Fristen gewonnen hat, darüber haben wir bereits gesprochen.) Übrigens zeigt nicht nur die politische Wandlung der Gruppierung um Kennan und Kennedy, sondern auch die riesige Friedensdemonstration in New York, daß mindestens die städtischen Mittelschichten in den USA selbst im Begriff sind, ihren Fehler bei der Reagan-Wahl zu revidieren.

G. M.: Dazu gleich eine Anschlußfrage: Wie bewertest Du die Realisierungschancen des außenpolitischen Programms der gegenwärtigen US-Regierung, das darauf abzielt, den Einfluß der sozialistischen Länder und der Befreiungsbewegungen der „Dritten Welt" möglichst weitgehend auszuschalten und den Zugriff zu den wichtigsten Rohstoffquellen in der ganzen Welt, vor allem aber im Nahen Osten, zu sichern?

W. A.: Ich halte die Realisierungschancen dieses Programms für ebenso irreal wie die Strategie der amerikanischen Außenpolitik in den fünfziger Jahren. Natürlich gelingt es punktuell immer wieder, Befreiungsbewegungen in Ländern der „Dritten Welt" zurückzudrängen oder zeitweilig auszuschalten – Chile ist dabei nur ein

29

Beispiel von vielen. Gleichwohl ist es unmöglich, den gesamten Entwicklungs-
prozeß der Emanzipation der Länder der „Dritten Welt" zurückzudrehen. Trotz
des Afghanistan-Geschreis verfügen die imperialistischen Mächte heute auch im
Nahen Osten und der Golf-Region nicht mehr über die unumschränkte Möglichkeit, die politische und militärische Entwicklung in diesem Raum nach Gutdün-
ken zu regeln. Auch die militärischen Erfolge Israels im Libanon können dieses
Gesamtbild nicht verändern. Die Widersprüche, die im Gefolge des Abkommens
von Camp David in der arabischen Welt aufgebrochen sind und die Position
Ägyptens außerordentlich geschwächt und am Ende wieder schwankend gemacht haben, sind dafür nur ein Beleg. Weil das so ist, besteht aber immer wieder
die Gefahr, daß diese langfristig wachsende Schwäche des Imperialismus – zumal
unter den Bedingungen der Wirtschaftskrise – durch unmittelbare Gewalt und
damit durch das bewußte Einkalkulieren einer begrenzten oder gar globalen militärischen Auseinandersetzung ausgeglichen werden soll.

Eine solche Politik kann aber nur zum Scheitern verurteilt werden, wenn neben
den Gegenkräften in den Ländern der „Dritten Welt" auch die Gegenkräfte in
den hochindustrialisierten kapitalistischen Staaten – vor allem in Europa – stark
genug bleiben. Vor Europa steht immer wieder die Gewißheit, daß ein atomarer
Konflikt, der von einer begrenzten militärischen Konfrontation im Nahen Osten
oder von anderen Regionen der „Weltperipherie" ausginge, die Europäer auslö-
schen würde. Das heißt: nur wenn die Gegenkräfte stark genug bleiben, gewinnt
die aggressivste Fraktion in den USA nicht die Kraft, einen Konflikt auszulösen,
der im übrigen für sie selbst selbstmörderisch enden müßte.

G.M.: Wie sind mögliche Konflikte zwischen den USA und den Staaten Westeuropas einzuschätzen? Diese sind ja durch die Stationierung der Mittelstreckenraketen und besonders durch die amerikanische Militärdoktrin unmittelbar mit der
Gefahr eines begrenzten Nuklearschlages konfrontiert.

W.A.: Diese Konflikte bestimmen schon gegenwärtig die Beziehungen zwischen
Westeuropa und den USA – und trotz der schwankenden Politik der Schmidt-
Genscher-Regierung brechen sie immer wieder durch. Der ökonomische Konflikt, dem die USA wegen des Erdgas-Röhren-Geschäfts der europäischen Staaten mit der UdSSR ausgesetzt wurden, ist gleichsam ein Vorhutgefecht um das
Gesamtproblem. Selbst wenn verzögert die Stationierung der Mittelstreckenraketen gelingen sollte, werden diese Konflikte nur noch anwachsen. Sie sind auch
deshalb unvermeidlich, weil sie mit den ökonomischen und politischen Interessendivergenzen zwischen Teilen der herrschenden Klassen der USA und der

30

westeuropäischen Länder eng verflochten sind. Es gibt in Europa keine gesellschaftliche Gruppierung, also auch nicht das Monopolkapital, die die direkte Explosion in einem militärischen Konflikt wirklich anstrebt. Es kann und will die Drohung mit einem solchen Konflikt nutzen; daher sprechen sich die politischen Repräsentanten des deutschen Monopolkapitals gegenwärtig für die Stationierung der neuen Mittelstreckenraketen aus. Den Umschlag dieser politischen Drohung in die militärische Katastrophe kann aber auch das Monopolkapital nicht wollen, denn das würde unvermeidlich Selbstmord bedeuten. Teile der herrschenden Klasse in den USA sehen das anders; denn sie sind in der Tat in der zynischen Vorstellung von der Möglichkeit des begrenzten atomaren Krieges befangen. Diese Vorstellung ist aber nicht nur zynisch, sondern auch total irreal, und darum stößt sie auch auf den Widerstand großer Teile des amerikanischen Kapitals. So ist es kein Zufall, daß wir jetzt in den Vereinigten Staaten das Anwachsen einer Bewegung gegen den Atomkrieg und für Abrüstung verfolgen können. Senator Kennedy von der Demokratischen Partei stellt sich an die Spitze der Bewegung; aber sie ist in fast allen Bundesstaaten vertreten und auch auf der kommunalen Ebene sehr lebendig. Damit setzt sie nun auch innenpolitisch die Reagan-Administration unter Druck.

F.D.: Welche Perspektiven und Erfolgschancen hat diese amerikanische Friedensbewegung?

W.A.: Ich glaube nicht, daß sie unmittelbare Erfolgschancen hat. Gleichwohl bin ich davon überzeugt, daß sie die Chance hat, überlebenswichtige Verzögerungen durchzusetzen. Ein typisches Beispiel: Zweifellos spielt die Reagan-Administration mit der Möglichkeit eines direkten militärischen Eingreifens in Nicaragua. Ich halte es für durchaus wahrscheinlich, daß ein solches militärisches Eingreifen durch den Druck von Gegenkräften in den USA, vor allem durch die Friedensbewegung dort, verzögert und wahrscheinlich auch verhindert werden kann. Wir wissen, daß es in dieser Frage eine wachsende Opposition in den USA gibt. Natürlich hat diese Bewegung langfristig die Chance, reale, nicht nur – wie zur Zeit – verbale Abrüstungsverhandlungen – zunächst atomare Abrüstungsverhandlungen – zu erzwingen, die nicht nur Rüstungsbegrenzung, sondern wirkliche Abrüstung zum Gegenstand haben.

F.D.: Die Friedensbewegung wird hierzulande mit dem Vorwurf des „Antiamerikanismus" belegt. In Deiner Jugend hast Du an Demonstrationen teilgenommen, die sich – Mitte der zwanziger Jahre – gegen den Justizmord an den beiden amerikanischen Arbeitern Sacco und Vanzetti richteten. Ich möchte an dieses Beispiel erinnern, um die Frage zu stellen, welche Bedeutung eigentlich die USA für die sozialistische und kommunistische Arbeiterbewegung in Europa hatten. Das „Amerika-Bild" – gerade in der Zwischenkriegsperiode – ist doch sehr gespalten: auf der einen Seite das Bild vom „american way of life", von einem relativ hohen Lebensniveau, auch der Arbeiterklasse; auf der anderen Seite das Bild von der Rassendiskriminierung, vom Elend der Randschichten der Arbeiterklasse und von der permanenten Repression gegen fundamentaloppositionelle Strömungen. Bekanntlich wurde die Frage nach den Chancen einer sozialistischen Bewegung in den USA schon um die Jahrhundertwende intensiv diskutiert. Ich erwarte nicht, daß Du auf die Gesamtheit dieser Probleme eingehst. Wir sollten aber auf jeden Fall über einige dieser historischen Dimensionen des Verhältnisses der europäischen Linken zu den USA sprechen.

W. A.: In der damaligen Situation wußten wir alle in der europäischen Arbeiterbewegung – sowohl in ihren reformistischen als auch in ihren revolutionären Gruppierungen –, daß es eine kontinuierliche Arbeiterbewegung mit starken Erfolgen in den USA nicht gab. Wir wußten um die wellenförmigen Bewegungen der sozialen Kämpfe, durch die z.B. für große Teile der Industriearbeiter in den USA ein höherer Lebensstandard erstritten werden konnte, als ihn damals die qualifizierten Teile der Arbeiterklasse in Europa hatten. Das war uns wohl bekannt. Andererseits wußten wir aber auch – aufgrund von zahlreichen Ereignissen – um die aggressive, z.T. terroristische Politik, die in den USA gegenüber der Arbeiterbewegung – besonders gegenüber ihren aktiven Repräsentanten – betrieben wurde. Das Bild der bürgerlichen Welt von den USA als dem klassischen demokratischen Rechtsstaat, dem Land der Freiheit und der „unbegrenzten Möglichkeiten", wie es auch damals von der rechtsliberalen Presse verbreitet wurde, war also ein falsches Bild. Wir konnten dieses Trugbild in der deutschen wie in der europäischen Arbeiterklasse ingesamt – wenn auch nur vorübergend – zerstören. In den Demonstrationseffekten, die der Fall Sacco und Vanzetti in der ganzen europäischen Bevölkerung hervorrief, zeigt sich das Problem in aller Klarheit. Unser Amerika-Bild war demnach durch die Erkenntnis bestimmt, daß die herrschende Klasse in den USA sich von der der europäischen Länder unterschied: sie war ungebrochener, weniger versetzt mit früheren feudalen oder monarchischbürokratischen Schichten; sie war – weniger als in Europa durch andere Schichten und den verselbständigten Staatsapparat vermittelt und unmittelbar – mit dem Monopolkapital verbunden, obwohl sich dieses Monopolkapital stets in verschiedene Fraktionen aufspaltet und keineswegs eine voll einheitliche Politik vertritt. Schließlich wußten wir, daß die organisierte und kontinuierliche Gegenkraft gegen das Monopolkapital – in den europäischen Ländern die Arbeiterbewegung – in den Vereinigten Staaten politisch nur ganz schwach entwickelt war. Darüber hinaus hatten wir auch eine recht klare Vorstellung von der imperialistischen Politik der USA. Trotz der damaligen Isolationspolitik der USA kritisierten wir die – durch die bürgerliche öffentliche Meinung vertretene – Ideologie, die Vereinigten Staaten seien das einzige großkapitalistische Land ohne imperialistische Versetzung.

Vom Standpunkt des Denkens der Arbeitermassen ändert sich dieses Bild erst durch den Zweiten Weltkrieg und dann nach 1945 im Klima des Kalten Krieges. Das bürgerliche Amerika-Bild beeinflußte in der Weimarer Republik noch nicht den sozialdemokratischen Betriebsfunktionär. Der dachte in solchen Fragen weitgehend wie wir. Das hat sich nach 1945 – vor allem in der Bundesrepublik – total verschoben. Jetzt wird das bürgerliche Klischee voll übernommen und dringt tief in das Denken der Arbeitermassen ein. Mit der Zuspitzung des Kalten Krieges übernimmt bekanntlich die amerikanische Gewerkschaft AFL (American Federation of Labor) die Rolle einer ideologischen Speerspitze, um antikommunistische Positionen in der Gewerkschaftsbewegung Westeuropas – auch durch Spaltung auf nationaler und internationaler Ebene – zu stärken und um dabei das bürgerliche Bild von den USA als dem Land der Freiheit, des Wohlstandes und der unbegrenzten Aufstiegsmöglichkeiten bei den Massen der Lohnabhängigen zu verbreiten. Besonders erfolgreich war diese Politik in Westdeutschland und bei den Führungsgruppen des DGB. Daß es gerade in den ersten Jahren nach 1945 auch in den USA zu heftigen Klassenauseinandersetzungen gekommen war, daß hier die Gewerkschaften per Gesetz ihre Handlungs- und Streikfreiheit weitgehend verloren hatten, daß mit dem McCarthy'ismus in den USA eine geradezu hysterische Hexenjagd gegen Demokraten, Sozialisten und Kommunisten begann, daß mit der Hinrichtung des Ehepaares Rosenberg, das der Atom-Spionage für die Sowjetunion verdächtigt wurde, ein weiterer Justizmord mit eindeutig politischer Intention begangen wurde – all das verschwand aus dem Bewußtsein der Massen der Lohnabhängigen in der Bundesrepublik – und, ich wiederhole, die reformistische, sozialpartnerschaftlich orientierte Arbeiterbewegung nahm an dieser Verdrängung kritischen und realistischen Denkens aktiven Anteil.

Im Grunde beginnt dieses falsche Bewußtsein erst mit den Wirkungen des historischen Drehpunktes des Vietnam-Krieges zurückgedrängt zu werden. Wohlgemerkt, alle früheren imperialistischen Interventionen der USA – die Manöver gegen die chinesische Revolution, der Korea-Krieg, Interventionen in Lateinamerika und im nahen Osten – wurden von den Massen kaum zur Kenntnis genommen.

Erst seit der Vietnam-Auseinandersetzung wandelt sich – zunächst fast ausschließlich bei den Intellektuellen – allmählich die Vorstellung über die weltpolitische Rolle und auch über die innenpolitischen Verhältnisse in den USA. Denn mit dem Vietnam-Krieg brechen auch die inneren Widersprüche in den USA auf, und die Medien können das nicht mehr ganz verschweigen. Ich erinnere nur an die Bewegungen gegen die Rassendiskriminierung, die ersten Aufstände in den schwarzen Ghettos, die Ermordung von Martin Luther King und zahlreicher anderer Repräsentanten dieser Bewegungen. Schließlich darf man nicht vergessen, daß dann in den siebziger Jahren der Watergate-Skandal, die Veröffentlichung der korrupten und partiell kriminellen Praktiken unter der Präsidentschaft von Nixon, schließlich die ganzen Umstände seines Rücktrittes zu einer Korrektur des Amerika-Bildes beitragen. Jetzt tritt auch der Sachverhalt ins Bewußtsein, daß die Arbeiterbewegungen in Westeuropa – vor allem in der Bundesrepublik – durch ihre Kämpfe einen insgesamt höheren Lebensstandard für die Lohnabhängigen, besonders aber eine wesentlich bessere Sozialgesetzgebung durchgesetzt haben.

Wenn die Gegenseite den Protest gegen solche Verhältnisse, heute den Protest der Friedensbewegung gegen die Militär- und Außenpolitik der USA, als „Antiamerikanismus" disqualifizieren möchte, so will sie damit das Zerbrechen des lange währenden ideologischen Massenkonsensus in der Bundesrepublik, zu dem – wie gesagt – die Verinnerlichung des bürgerlichen Amerika-Bildes gehörte, aufhalten. Die Teilnehmer der Friedensbewegung – auch die vielen christlich orientierten Jugendlichen, die in Bonn demonstriert haben – wissen aber sehr genau, daß sich ihr Protest weder gegen die amerikanische Bevölkerung noch gegen die Normen der amerikanischen Verfassung richtet. Sie protestieren gegen die Machtverhältnisse, die die genannten Widersprüche hervorrufen, und gegen eine Politik, die den Frieden bedroht – und gegen sonst gar nichts.

K.F.: Ich möchte noch einmal auf den sogenannten „Antiamerikanismus" zurückkommen. Es scheint mir interessant, daß dieser Begriff seine Konjunktur nicht in einer Zeit hatte, als in der Bundesrepublik und anderswo eine Opposition gegen den Vietnam-Krieg der USA aufkam, sondern daß das Wort jetzt Konjunktur hat. Es ist doch wohl vor allem auf die Bundesrepublik und ihre Friedensbewegung gemünzt. Natürlich richtet sich die Friedensbewegung nicht gegen das amerikanische Volk; es wäre sogar von Vorteil, wenn sie sich eingehender mit den inneren sozialökonomischen und ideologischen Verhältnissen in den USA auseinandersetzen würde. Ihr geht es vorab um die Kritik der herrschenden außen-und militärpolitischen Politik der USA. Und deswegen dient ja wohl der diffamierende Begriff „Antiamerikanismus" vor allem dazu, einen Prozeß der Auflösung der bedingungslosen Unterwerfung, des kritiklosen Gehorsams gegenüber dieser Politik aufzuhalten.

W. A.: Das ist völlig richtig: der Terminus „Antiamerikanismus" will diffamieren, um diesen Prozeß aufzuhalten. Übrigens ist dieser Begriff bei uns aus einem ganz einfachen Grunde partiell wirksam: in der Aufstiegsperiode der Bundesrepublik ist die Bevölkerung auf den unbedingten Glauben an die Vereinigten Staaten geschult worden. Dadurch entstand im Denken breiter Massen eine wirkliche Amerika-Hörigkeit. Mit dem gleichen Begriff „Antiamerikanismus" könnte man z.B. in der französischen Bevölkerung nicht das geringste bewirken.

K. F.: Wie siehst Du denn die Bedeutung der amerikanischen Gewerkschaften für die dortige Friedensbewegung? Diese haben ja nach dem Zweiten Weltkrieg immer stramm antikommunistische Positionen vertreten. Heute müssen aber selbst sie sich der Tatsache stellen, daß die Außen-, Rüstungs- und Wirtschaftspolitik der Reagan-Administration schwere Folgen für die amerikanischen Arbeiter zeitigt. Möglicherweise gehen von dieser Erfahrung Impulse aus, die das Engagement der amerikanischen Gewerkschaften in der Friedensbewegung verstärken.

W. A.: Das gilt zunächst nur für Teile der amerikanischen Gewerkschaften. Dabei dürfen wir eines nicht vergessen: demokratisch und politisch positive Wellenbewegungen der Gewerkschaftspolitik hatten wir schon mehrfach, auch im Zusammenhang mit der Weltwirtschaftskrise der späten zwanziger Jahre. Damals entsteht – z.T. sogar durch die bürgerlich-progressive Politik von Präsident Roosevelt gefördert – gegen die auf Sozialpartnerschaft und Korrumpierung angelegte AFL (American Federation of Labor) mit der CIO (Congress of Industrial Organizations),eine Konkurrenzgewerkschaft, die an Klasseninstinkte anknüpfen und Keimformen von Klassenbewußtsein entwickeln konnte. In der neuen Welle der Hochkonjunktur auf der Grundlage des Zweiten Weltkrieges und des Kalten Krieges – also nach dem Zweiten Weltkrieg – verschmelzen die beiden Organisationen wieder; das kritische Bewußtsein in der Arbeiterklasse verfällt. Das Zurückbleiben des kritischen Bewußtseins ist immer wieder auch Ausdruck der ahistorischen Gesamttendenz der amerikanischen Arbeiterbewegung. Nur bei „Randgruppen" – bei Immigranten, Schwarzen, Mexikanern u. a. – verbindet sich die Erfahrung von Ausbeutung und Diskriminierung zu einer „Assimilierungsschranke" gegenüber dem „american way of life", dem konservativ-religiösen Denken der „Mittelklassen", aber auch der weißen „Oberschichten" der Arbeiterklasse.

Es ist nicht ausgeschlossen, daß es nunmehr in einer erneuten schweren Krisensituation Anstöße zu einer Veränderung gibt, die auch in die gefrorenen Gewerkschaftsorganisationen hineinwirken. Dabei darf man freilich nicht übersehen, daß die USA-Gewerkschaften – aufgrund der Wirkungen der Wirtschaftskrise und aufgrund ihrer extrem sozialpartnerschaftlichen Orientierung – im wahrsten Sinne des Wortes „mit dem Rücken an der Wand stehen". Sie müssen massive Reallohnverluste und massenhafte Mitgliederverluste hinnehmen; die Schwäche gewerkschaftlicher Kampfpositionen drückt sich schließlich im freiwilligen Verzicht einiger Gewerkschaften (z.B. im Bereich der Automobilindustrie) auf jegliche Nominal-Lohnerhöhungen zwecks angeblicher Erhaltung des Reallohns aus. Gerade diese Schwäche muß aber auch Protest und Widerstand in der Arbeiterklasse – wenn auch in sehr widersprüchlichen und verschiedenen politischen Formen – verstärken. Daher scheint es durchaus möglich, daß in der von Kennedy geführten friedensfreundlichen und rüstungsfeindlichen Opposition bald auch einige führende Gewerkschafter und vielleicht auch einige größere Verbände eine Rolle spielen werden. Eine große Gewerkschaftsdemonstration gegen die Wirtschafts- und Sozialpolitik von Reagan hat ja vor kurzem in Washington stattgefunden. Da nun die Wirtschaftspolitik von Reagan ebenso reaktionär und primitiv ist, wie die Wirtschaftspolitik von Brüning und Papen in Deutschland zwischen 1930 und 1932 reaktionär und primitiv war, weil sie vor allem die unteren Volksklassen und die Armen so brutal benachteiligt, deshalb kann diese ultrareaktionäre Politik durchaus dazu beitragen, daß sich hier Klassenbewußtsein entwickelt und ein Oppositionspotential formiert. Deshalb gebe ich der amerikanischen Friedensbewegung Chancen. Sie kann eine überaus wichtige Funktion auch für die Gewerkschaftsbewegung, für die Entwicklung des Widerstandes der amerikanischen Arbeiter, jetzt auch der qualifizierten Arbeiter, gegen die Politik der Reagan-Administration übernehmen.

G. M.: Sind die USA, als die zur Zeit militärisch und militärtechnologisch stärkste Macht, überhaupt daran interessiert, wirkliche Abrüstungsverhandlungen auf dem Gebiet der konventionellen und nuklearen Waffen zu führen? Wenn man die weltpolitischen Perspektiven ihrer Regierung berücksichtigt, könnte man zu der Schlußfolgerung gelangen, daß sie dem Beginn der Verhandlungen in Genf überhaupt nur zugestimmt hat, um die westeuropäische Öffentlichkeit zu pazifizieren. Hat sie ein wirkliches Interesse an Abrüstung?

W. A.: Bei der Entscheidung für die Genfer Verhandlungen steht zunächst einmal dieses taktische Motiv – und nicht ein wirkliches Interese an Abrüstung – im Vordergrund. Daran besteht kein Zweifel. Wenn die europäische und inneramerikanische Friedensbewegung stark und militant bleibt, wird sich aber die Gesamtperspektive der Reagan'schen Politik sehr bald als Illusion erweisen. Wohlgemerkt: die Reagan'sche Außenpolitik zielt zunächst nicht unmittelbar auf den Krieg, sondern nur auf die objektive Möglichkeit eines „begrenzten Krieges" und also darauf, daß die erpresserische Drohung mit dem Krieg „glaubhaft" bleibt. Aber sie verfolgt dieses Ziel durch ständige Aufrüstung und durch die ständige Drohung mit der allgemeinen Kriegsgefahr, durch den Anspruch, die Vorherrschaft im Nahen Osten wiederzugewinnen und dergleichen mehr. Dabei zielt sie noch auf einen anderen Faktor: Sie will durch diese extrem übersteigerte Höchstaufrüstung – durch die Steigerung der Selbsttötungsmöglichkeiten der Menschheit nicht auf das 30-fache, sondern auf das 100-fache – die Sowjetunion dazu zwingen, ihr ökonomisches Potential so stark durch Gegen-Rüstung zu engagieren, daß in der UdSSR und den anderen sozialistischen Staaten eine rationale ökonomische Entwicklung so total unmöglich wird, wie sie etwa in der Zeit nach der großen Weltwirtschaftskrise der späten zwanziger Jahre, durch die Drohung des faschistischen Krieges, massiv belastet war. Das ist die strategische Zielsetzung. Die Frage ist nur, ob diese strategische Zielsetzung auch durchgehalten werden kann. Sie kann es nicht, wenn die europäische Friedensbewegung – und vor allem die der Bundesrepublik – Zeitgewinne erkämpft, wenn durch den wachsenden Druck der Friedensbewegung – vor allem auch in den USA – der illusionäre Charakter dieser Strategie –, auch für die Köpfe der Reagan-Regierung, erkennbar wird. Die Politik von Kennedy geht heute schon in diese Richtung, wenn er die Reduzierung des Rüstungsetats der USA verlangt. Selbst Reagan mußte bereits einige Reduktionen – wenn auch solche von geringer Bedeutung – zugestehen. Wird dieser Druck, den Rüstungswettlauf einzuschränken, stärker, so kann das nur taktisch aufgenommene Abrüstungsgespräch zu einem ernsthaften strategischen Abrüstungsgespräch werden.

G. M.: Wie realistisch ist eigentlich Reagan's Vorschlag einer „Null-Lösung"?

W. A.: Dieser Vorschlag ist zunächst reine Demagogie. Er sagt den Sowjets: „Null bei euren Mittelstreckenraketen", die nebenbei bemerkt in keinem der Bündnisländer, sondern nur in der Sowjetunion stationiert sind. Der Vorschlag besagt weiterhin: unter dieser Voraussetzung verzichten wir auf die Stationierung von Mittelstreckenraketen in Europa, aber die Franzosen und die Engländer sollen solche Waffen stationieren; denn sie sind ja nicht an den Verhandlungen beteiligt. Und im übrigen halten wir unsere seegestützten Waffensysteme durchaus in Kraft und rüsten sie weiter auf. Das ist also zunächst reine Demagogie. Aber wohlgemerkt, bei diesem ganzen Problemkomplex gilt, daß das, was zunächst als reine Demagogie gemeint war, bei entsprechend starken Kräften der Friedensbewegung anders gesteuert werden, etwas völlig anderes werden kann. Ich kann mir durchaus vorstellen, daß wir – über Zwischenlösungen – die atomare Abrüstung ebenso wie die chemische und biologische Abrüstung durchsetzen können – auch dann, wenn wir noch nicht vom Monopolkapitalismus zu sozialistischen Lösungen gelangt sind. Das hängt von der Stärke der Friedensbewegungen in den europäischen Ländern und in den Vereinigten Staaten ab.

4. Der internationale Kontext der Friedensbewegung — die UdSSR

G. M.: Kann man die USA und die UdSSR gleichermaßen als „Supermächte" bezeichnen, deren primäres Ziel die Sicherung und Ausweitung ihres jeweiligen Herrschaftssystems ist?

W. A.: In einer Beziehung ist diese Charakterisierung natürlich richtig, aber nur in einer rein technischen, äußerlichen Beziehung. Beide Mächte sind Weltmächte geworden, die Führungsrollen in ihrer jeweiligen Welt innehaben. Beide Mächte sind durch ihre Lage nach dem Zweiten Weltkrieg quasi genötigt, ein totales oder auch nur politisch-moralisches Ausgeboxtwerden nicht hinnehmen zu können. Und beide sind dabei diejenigen Mächte, deren ökonomisches und politisches Potential groß genug ist, um diese Rolle auch in etwa zu tragen. Aber beide Mächte haben dabei einen völlig verschiedenen Charakter. Man sieht es vielleicht an einem Beispiel, auf das wir nicht verzichten können hinzuweisen: In Wirklichkeit war der Sieg der chinesischen Revolution 1949 ein Sieg einer emanzipatorischen Revolution in einem relativ unentwickelten und in besonders grotesker Form durch die kapitalistische Welt ausgebeuteten Land. Dieser Sieg wäre nicht möglich gewesen ohne die Existenz der Sowjetunion, und zwar ohne die Existenz der Sowjetunion als Großmacht; denn hätte sie nicht existiert, hätten die Kräfte der chinesischen Revolution weder das Bewußtsein noch die Kraft gewinnen können, diesen revolutionären Prozeß durchzukämpfen. Es ist kein Zufall, daß die chinesische Revolution nach 1911 die Emanzipation Chinas zu einem funktionierenden selbständigen Staat zunächst nicht hat erreichen können. Jetzt, nach dem Zweiten Weltkrieg, dank der starken Weltmachtstellung der Sowjetunion, war das möglich – auch ohne daß die Sowjetunion die nach meiner Meinung damals angebrachte starke solidarische politische und materielle Hilfe geleistet hätte, die in ihren Kräften stand. Die hat die Sowjetunion – womöglich auch infolge der schweren Verwüstungen ihres Landes durch den Krieg – nicht geleistet; sie hat im Grunde immer noch am Sieg der chinesischen Revolution gezweifelt, auf einen Kompromiß mit Tschiang Kai-scheck hingedrängt usw. Aber dieser Erfolg war wegen der bloßen Existenz einer im Zweiten Weltkrieg siegreichen sozialistischen Großmacht und der psychologischen Prozesse, die durch diesen Tatbestand möglich geworden waren, dennoch möglich. Nun kommt eine Phase der Entwicklung, in der China sich im Banne der Sowjetunion glaubt und meint, man könne unmittelbar sowjetische Entwicklungsphasen kopieren. Man kann aber niemals in einem revolutionären Prozess, d.h. auch in einem revolutionär sozialistischen Prozess eines beliebigen Landes einen anderen revolutionären Prozeß einfach kopieren. Und es entsteht also die stalinistische Phase des Mao-Regimes und die entsprechende außenpolitische totale Eingliederung des Mao-Regimes in den Block der Sowjetunion. Dann kommen die Divergenzen. Wir wollen sie gar nicht im einzelnen untersuchen. Die Divergenzen haben ihre historischen Ursachen, und die Schuld liegt keineswegs allein bei den Chinesen, sondern die Schuld der Auseinanderentwicklung liegt natürlich auch beim großmachtadäquaten Verhalten der Sowjetunion. Sie liegt auf beiden Seiten. Aber die Emanzipation war ohne militärischen Konflikt möglich. Wäre hingegen irgendeine Emanzipation irgendeines Landes von US-amerikanischer Vorherrschaft ohne eine unmittelbar machtmäßige Auseinandersetzung möglich?

Schon an diesem Beispiel zeigt sich deutlich, daß es sich um total verschiedene Probleme handelt. Die beiden sogenannten „Supermächte" sind also, obwohl sie beide sicherlich eine sehr große Rolle im gegenwärtigen Weltprozeß spielen, Weltmächte, die sich auch in ihrem außenpolitischen Verhalten grundsätzlich voneinander unterscheiden. Dadurch, daß die Sowjetunion Großmacht ist, unterliegt sie bestimmten Versuchungen und Gefährdungen durch ihre Großmachtrolle, auch Versuchungen, man soll das nicht übersehen, die sich aus der Entwicklung großmachtadäquater Bürokratien und der nur machtbezogenen Denkweise ergeben. Militärisches Denken eines sowjetischen Generalstabsoffiziers hat alle die Versuchungen auch, die militärisches Denken eines jeden Generalstabsoffiziers eines beliebigen Landes notwendig als Folge seiner Rolle hat; aber kann solches Denken total werden und die Gesellschaft völlig beherrschen? Das ist nach meiner Meinung in der Sowjetunion aufgrund der sozialistischen Organisation ihrer Gesellschaft nicht möglich.

G. M.: Gibt es in der Sowjetunion einen militärisch-industriellen Komplex? Einige Autoren sagen sogar, die Sowjetunion sei insgesamt ein militärisch-industrieller Komplex.

W. A.: Dieser Komplex ist insofern da, als natürlich die Ökonomie der Sowjetunion den militärischen Apparat tragen muß, und gewiß ergeben sich im Denken sowohl einzelner Offiziere als auch mancher Manager dadurch negative Folgen. Aber die Rüstungsindustrie ist in einem sozialistisch organisierten Land wie der Sowjetunion stets eine Belastung der Gesamtentwicklung und niemals ein Initiator! In imperialistischen Ländern haben wir es beim „Dritten Reich" erlebt, daß der militärisch-industrielle Komplex der Initiator des Umschlags in den Konjunkturaufschwung, in die Vollbeschäftigung wurde. In den Vereinigten Staaten entsteht immer wieder die Illusion, das könne auch heute der Fall sein. Dies ist eine Illusion, die auch der Reagan'schen Politik zugrundeliegt, nur ist es heute sogar in den imperialistischen Ländern Illusion. Das ist eine andere Frage. Dadurch entsteht auch Opposition bei Teilen des Monopolkapitals gegen die Übersteigerung dieses Komplexes – ich verweise auf die Reaktion einzelner amerikanischer Banken und Bankenkomplexe (nicht nur der politischen Gruppierung um Kennedy und Kennan) auf die Reagan'sche ökonomische Politik. Aber der militärisch-industrielle Komplex kann in einem solchen Lande wie den Vereinigten Staaten zum beherrschenden, die Außenpolitik bestimmenden und auch die Innenpolitik mitbestimmenden, vorabbestimmenden Faktor werden. In der Sowjetunion bleibt es ein Komplex mit negativen Erscheinungsformen, die ja bei jedem solchen Komplex entstehen, der aber nicht zum die Gesamtpolitik bestimmenden Komplex aufsteigen kann. Insofern sind beide Mächte qualitativ verschiedene Mächte.

K. F.: Ich möchte noch einmal zu der sogenannten Supermachtfrage zurückkommen. Du hast am Anfang Gemeinsamkeiten hervorgehoben und im weiteren Verlauf Unterschiede. Kann man nicht so formulieren, daß die Sowjetunion, was immer die Unterschiede zu den USA sein mögen, immer soviel an „Supermachtaktivitäten" entfalten wird, wie nach Meinung der tragenden Schichten dort notwendig ist, um das System Sowjetunion nach innen und nach außen zu bewahren; und bedeutet nicht allein schon diese Konstellation die Gefahr, daß bei entsprechenden Zuspitzungen der internationalen Lage, oder wenn solche befürchtet werden, sozusagen Kurzschlußreaktionen auftreten, wie sie in anderen Ländern mit anderen Systemen ebenso auftreten können?

W. A.: Zum ersten würde ich sagen: ja! Und zu diesem Verhalten ist die Sowjetunion gezwungen. Sie hat die bittere Erfahrung erst ihrer Ausschaltung durch das Münchener Abkommen, in dem die ach so „christlich-abendländischen westlichen Demokratien" ja keineswegs nur die Tschechoslowakei verkauft, sondern auch ihre Pflichten gegenüber der UdSSR grob verletzt hatten, und dann die des Zweiten Weltkrieges hinter sich. Sie stand nach Beginn des Kalten Krieges, seit der amerikanischen Atombombe, ständig unter der Bedrohung, daß ihr das noch einmal passiert. Sie hat dann auch technisch gegenüber den Vereinigten Staaten immer nur nachgezogen – es ist kein Zufall, daß sie nicht vorgezogen hat, sondern nachgezogen. Sie muß sich, und das nicht nur im eigenen Interesse, sondern nach meiner Meinung auch im Interesse der progressiven Entwicklung der Menschheit, erhalten und absichern gegen das Ausgelöschtwerden. Sie muß sich gegen Gefahr sichern. Daraus kann man ihr also an sich keinen Vorwurf machen. Daß daraus Gefahren entstehen, haben wir bereits bei der Analyse des militärisch-ökonomischen Komplexes ins Gesichtsfeld bekommen. Das will ich in keiner Weise bestreiten. Die Gefahr einer Kurzschlußreaktion ist jedoch in einem solchen Lande, in dem der gesamten ökonomischen Struktur nach dieser Komplex Belastung und nicht Entlastung (nämlich mögliches wirtschaftliches Hilfsmittel zur Überwindung von Krisen) ist, weitaus geringer als in den Ländern, in denen umgekehrt der militärisch-industrielle Komplex als einer der wichtigsten und profitträchtigsten Komplexe der ganzen Ökonomie anzusehen ist. Dabei kommt noch eins hinzu: Aufrüstung, auch total irrationale Aufrüstung ist vom Standpunkt von Monopolen, die Profit erzeugen wollen und müssen, um sich zu erhalten, jenseits jeder Rationalität entscheidend wichtig. Sie müssen auf Vorantreiben drängen. Und auch das ist in der Sowjetunion anders, in der nicht die Steigerung dieses Komplexes angestrebt wird, sondern in der das Grundproblem stets bestehen bleibt, daß dieser gesamte Komplex nur Belastung ist. Infolgedessen können die irrationalen Impulse, die auf die Politik einwirken und Katastrophen herbeiführen können, in der Sowjetunion der Möglichkeit nach nur von den Berufsmilitärs ausgehen, nicht aber von Politik oder Wirtschaft. In den Vereinigten Staaten ist das anders. Da ist das nicht allein die Krankheit der Berufsmilitärs, sondern notwendig auch die Vorstellungswelt und Ideologie vieler ökonomischer Großorganisationen, die in diese Richtung drängen. Insofern liegen also das amerikanische und das sowjetischen System in dieser Frage der Auslösung einer Katastrophe durch Zufall nicht auf der gleichen Linie. Ich will nicht ausschließen, daß das Verrücktwerden eines Generals auch in der Sowjetunion Bedeutung haben könnte. Nur ist diese Gefahr wesentlich geringer, denn er bleibt der Gesamtpolitik und der sozialistischen Ökonomie unterworfen, die beide irrationalen Entscheidungen entgegenwirken, und wird also stärker gezähmt. Das ist beim Parallelgeneral der Vereinigten Staaten durchaus anders. Ich verweise hier noch einmal auf das Beispiel Chinas. Nach dem groben Bruch Chinas mit der sowjetischen Politik war natürlich das fernöstliche Verteidigungssystem der UdSSR in eine völlig neue Lage gebracht worden, wodurch erhebliche militärische Gefahren entstanden. Gleichwohl erfolgte keine Explosion gegenüber China, während umgekehrt das Zerbrechen der französischen Kolonialherrschaft in Vietnam in den Vereinigten Staaten zu solchen Explosionen geführt hat. Es handelt sich jeweils um qualitativ verschiedene Probleme.

G. F.: Das ist der außenpolitische Aspekt des Problems, das aber auch noch eine innere Dimension hat. Leute, die in sozialistische Länder verreisen, und sei es durchaus auch mit freundschaftlichen Vorerwartungen, sind doch oftmals recht schockiert über die große Rolle, die Gesichtspunkte der Sicherheit im innenpolitischen und kulturellen Leben dieser Länder spielen. Wir haben es hier ja mit Ländern zu tun, die – die Sowjetunion eingeschlossen – im Vergleich zu dem hochentwickelten kapitalistischen Staat USA entschieden ärmer sind, die aber in dem Wettrüsten, in dem sie sich zur Zeit befinden, in absoluten Zahlen gerechnet, in gleichem Maße rüsten müssen. Das heißt aber, daß in diesen Ländern der prozentuale Anteil an gesellschaftlichem Reichtum, den die Rüstung verschlingt, im Osten weit größer ist, so daß die äußeren Zeichen sagen wir von Militarisierung und Sicherheitsdenken nach wie vor in den sozialistischen Ländern (das fängt ja bereits bei den Grenzkontrollen an) womöglich stärker sind als in den bereits weitgehend durchmilitarisierten westlichen Ländern. Ich erinnere mich an eine Äußerung von Helmut Kohl 1976 auf einer wehrpolitischen Tagung, wo er sagte: Genau das wollen wir; wir wollen das Wettrüsten, bis den Sowjets die Luft ausgeht; wir wollen ein Wettrüsten, das sie nicht überstehen können. In demselben Interview, in dem Reagan erklärte, er könne sich einen begrenzten europäischen Krieg durchaus vorstellen, sagte er das auch. Und diesen Gedanken finden wir bereits in der Siegener Rede von Adenauer 1952, wo er ausführte, daß die Sowjets eines Tages auf die westlichen Bedingungen eingehen müßten, weil sie ökonomisch das Wettrüsten nicht mehr durchstehen könnten. Nun könnte das eine Fehlkalkulation sein. Aber es könnte auch wahr sein, was Peter Weiss im dritten Band seiner „Ästhetik des Widerstands" und in den „Notizbüchern" ausspricht, nämlich daß dieses Wettrüsten eben doch auch sehr stark an der Attraktivität der Sowjetunion und anderer sozialistischer Länder zehrt und über eine längere historische Frist die sozialistische Substanz dieser Länder zumindest an der Entfaltung hindert, wenn nicht sogar zunehmend einschränkt. Dies mag die Ursache für einen gewissen Attraktivitätsschwund der sozialistischen Länder auch unter der Linken in Westeuropa sein, so daß man vielleicht sagen kann: bei all den Niederlagen, die seit 1945 der Imperialismus in der Auseinandersetzung mit dem Sozialismus erlitten hat, hat er zumindest **das** bis heute geschafft.

W. A.: Diese Beobachtung ist unzweifelhaft richtig. Vom Standpunkt der monopolkapitalistisch organisierten Länder und der dem Monopolkapitalismus ergebenen Regierungen ist es natürlich nützlich, wenn die Sowjetunion gezwungen wird, einen immer größeren Teil ihrer ökonomischen Kraft sozusagen sozialistisch-rational fehlzuinvestieren, denn das hemmt die sozialistische Entwicklung nicht nur dort, sondern auch im Bewußtsein der Arbeiterklasse in den kapitalistischen Staaten, und es hat zudem ideologische Konsequenzen. Die agitatorischen Möglichkeiten der Linken gegenüber den in Wirklichkeit am Imperialismus uninteressierten Unterklassen der kapitalistischen Länder werden beschränkt, da in den sozialistischen Ländern natürlich der Prozentsatz der Ökonomie, der militärisch eingesetzt werden muß, deshalb größer ist, weil ihre Ökonomie insgesamt schwächer ist – sie müssen ja in etwa militärisch gleich stark bleiben. Das ergibt eine gute Agitationsmöglichkeit des Monopolkapitals in allen kapitalistischen Staaten gegenüber den eigenen Unterklassen. Darüber hinaus ergibt sich eine Verzerrung der Struktur der sozialistischen Länder, auch entgegen der wirtschaftlichen Rationalität. Andererseits: Politisch ist es rational, daß sie sich verteidigungsfähig halten, denn sonst wären sie schon mehrfach erledigt gewesen. Rational falsch ist es, wenn sie – weil sie ja für dies langfristige Interesse an der Verteidigungsfähigkeit der sozialistischen Gesellschaft die eigene Bevölkerung gegen deren unmittelbare materiellen Tagesinteressen gewinnen müssen –, sich dadurch verleiten lassen, ideologische Fehlinvestitionen zu machen. Ein typisches Beispiel hierfür sehen wir in der DDR heute, in einem sozialistischen Land; wir bemerken es auch in der Sowjetunion. Wir haben in der DDR die Wehrerziehung früh angesetzt, in der Schule, in allen möglichen, zum Teil auch verzerrten Unterrichtsformen. Wir haben in der Bundesrepublik das Gleiche keineswegs in gleichem Ausmaß nötig. In der DDR wird das nach meiner Meinung weit über das Notwendige, rational Erklärbare hinaus vom militärischen Apparat aus in die Gesellschaft hineingetragen. Solche Verzerrungen entstehen durchaus, ich möchte sagen, sie sind immer entstanden, und verweise auf die Verzerrung der UdSSR zum Hochstalinismus und seinen Irrationalitäten – am irrationalsten ist hier die Liquidation von Teilen der eigenen Armeeführung in einer Zeit gewesen, in der man genau wußte, daß der Krieg in absehbarer Zeit bevorsteht. Diese Verzerrungen wären nicht möglich gewesen ohne diesen Komplex der Angst und Bedrohung und ohne die irrationale Verselbständigung von Denkeinheiten, die an sich sogar als Denkeinheiten objektiv erforderlich waren und sind. Da die Denkeinheiten militärischer Apparate in den sozialistischen Ländern existent sind, werden von dort aus natürlich auch Verzerrungen in die eigenen Systeme hineingetragen. Das ist ein unvermeidlicher Tatbestand, den man kritisieren sollte, den man auch in den sozialistischen Ländern partiell selbst kritisiert, aber den man natürlich nie total im Griff hat. Man denke nur gegenwärtig an die falsche Form der Auseinandersetzung mit der christlichen Jugendfriedensbewegung und ihrer Parole von der Verwandlung von Schwertern in Pflugscharen in der DDR. Insofern ist also diese Gesamtstrategie des Weltkapitalismus gegenüber der Sowjetunion nicht nur im historischen Endergebnis irrational, sondern gleichzeitig doch als Strategie des Weltkapitalismus durchaus logisch und in sich konsequent. Nur: in der heutigen Übersteigerung der Rüstung in den kapitalistischen Ländern führt sie gleichwohl zu Widersprüchen in den kapitalistischen Ländern selbst, und hoffentlich können wir einmal erzwingen, daß das Hineintragen solcher Prozesse in die sozialistischen Länder unmöglich wird und an Substanz verliert – und damit natürlich auch an Substanz gegenüber der Arbeiterbewegung in den kapitalistischen Ländern.

G. M.: Du hast über die dreißiger Jahre gesprochen. In der Friedensbewegung wird zum Teil argumentiert, die Sowjetunion sei keineswegs immer eine Friedensmacht gewesen, wie man das vielleicht von den Voraussetzungen und Zielen der Revolution von 1917 her annehmen könnte. Es gebe ein Beispiel, wo das Gegenteil historisch bewiesen worden sei, nämlich der Nichtangriffspakt zwischen der UdSSR und Hitler-Deutschland vom 23. August 1939.

W. A.: Ich kann aus eigener bitterer Erfahrung etwas hierzu sagen. Als der Nichtangriffspakt geschlossen wurde, war ich in äußerstem Maße erbittert und wütend. Nicht etwa, weil ich glaubte, die Sowjetunion habe sich hier als imperialistischer Staat gegenüber Polen erwiesen, sondern weil ich meinte, daß es sich hier sozusagen um ein unzulässiges Kampfmittel handele. Ich habe deshalb damals im Zuchthaus Luckau einen „Fraktionskampf" unter uns politischen Häftlingen – Gegnern und Befürwortern des Paktes – entfesselt, und ich hatte einen großen Teil auch der kommunistischen Genossen auf meiner Seite. Wenn ich heute die Situation rational analysiere, muß ich sagen, strategisch war der Nichtangriffspakt entgegen meiner damaligen Meinung unvermeidlich und notwendig. Es stand fest, daß die kapitalistischen Staaten Europas entschlossen waren, die unmittelbare Angriffsroute des „Dritten Reiches" allein und sofort und ohne weitere Verzögerung auf die Sowjetunion abzulenken und daß sie entschlossen waren, all das, was sie vorher an Verteidigungsvorhaben gegen den bevorstehenden deutschen Angriff beschlossen hatten, wenn es zum Ernstfall kam, nicht zu realisieren. Im Grunde waren sie entschlossen, die Option auch weltpolitisch zu vollziehen, die sie im spanischen Bürgerkrieg und in der tschechischen Frage bereits für jedermann deutlich sichtbar vollzogen hatten. Also mußte die Sowjetunion um Zeitgewinn kämpfen und alles bezahlen, was man für Zeitgewinn bezahlen mußte, auch den Nichtangriffspakt. Das sagt nichts darüber aus, daß manche Einzelbestimmungen, z.B. der Zusatzvertrag über Polen, unberechtigt und falsch waren. Möglicherweise waren sie es noch nicht einmal ganz, denn natürlich mußte die Sowjetunion, da sie ja wußte, daß der Krieg mit Hitler unter allen Umständen kommt, die Frontlinie möglichst weit nach vorne legen. Aber der Pakt war notwendig. Und deshalb muß ich meine damalige Position heute verwerfen und eingestehen: sie war schlicht falsch. Das gilt, nebenbei bemerkt, auch für meine Anfangsposition zum zweiten Ereignis in der gleichen Richtung, nämlich zum finnischen Krieg 1939/40. Im finnischen Krieg hat die UdSSR in Formen und Inhalt damals natürlich auch Fehler gemacht – wer macht keine Fehler –, aber grundsätzlich waren ohne die Besiegung Mannerheims, der entschlossen war, später mit Hitler auf Leningrad zu marschieren, Leningrad und Murmansk nicht zu halten. Also mußte in der Zwischenperiode, in der Hitler noch mit anderen Problemen beschäftigt war, das finnische Problem ausgeräumt werden. Der finnische Winterfeldzug war eine klare Verletzung des Selbstbestimmungsrechts der Völker, aber wir dürfen nicht nur solche Einzelereignisse sehen, sondern müssen die jeweilige weltpolitische Dimension mit einkalkulieren.

G. M.: Als aktuelles Beispiel einer expansiven sowjetischen Politik wird immer das Beispiel Afghanistan genannt. So hat sich ja auch der Bundestag geäußert.

W. A.: Das wundert mich beim Bundestag nicht und wundert mich auch bei der sozialdemokratischen Politik von heute nicht. Es tut mir leid, daß keine sozialdemokratischen Abgeordneten gegen diese Feststellung aufgetreten sind. Ich hätte gehofft, das wäre geschehen.
Die zurückgebliebenen sozialen Strukturen Afghanistans und ihre groteske Widersprüchlichkeit sind bekannt. In Afghanistan war ja tatsächlich ein revolutionärer Prozeß im Gange, der sich zu überschlagen drohte. Andererseits bestand die Eingriffsmöglichkeit von Pakistan und eventuell von abenteuerlichen Aktionen, die Afghanistan zur Ersatzbastion für den Iran gegen die Sowjetunion hätten werden lassen können, und deshalb fehlt mir zum Afghanistan-Problem das endgültige Urteil. Aber die völlige Parallelisierung mit der polnischen und finnischen Frage von 1939/40 ist insofern falsch, als in Afghanistan eine starke revolutionär-progressive Intellektuellenbewegung existiert, die von Teilen der übrigen Bevölkerung durchaus unterstützt wird. Man kann die afghanische Frage auch in keiner Weise mit den US-Interventionen in Mittelamerika oder in Vietnam parallelisieren.

G. M.: Welche Rolle spielt das Polen-Problem? Wie können in der Friedensbewegung gemeinsame Positionen und Aktionen fortentwickelt werden, wenn die polnische Entwicklung konträr eingeschätzt wird?

W. A.: Sie müssen fortentwickelt werden trotz einer teilweise irrationalen Einschätzung der polnischen Entwicklung. Ich hatte, offen gestanden, als die polnische Entwicklung begann, die ungeheure Angst, daß sie zu einem solchen Rückschlag in der BRD und auch in den anderen westeuropäischen Staaten führen würde wie einst die tschechoslowakische Krise 1968. Das ist nun zum Glück dadurch vermieden worden, daß die Polen durch die Aktion der Armee das Problem allein lösen konnten und daß in der ganzen polnischen Krise die Zahl der Toten und der Inhaftierten relativ gering geblieben ist. Hoffentlich bleibt es dabei, sicher ist das gewiß nicht. Es handelt sich also gegenwärtig – es besteht noch die Chance, daß es dabei bleibt – um eine innere Krise der polnischen Volksrepublik mit starken Verzerrungen, auch mit anfangs positiven und dann negativen Ausschlägen einer rational nicht geführten, spontaneistischen Massenbewegung – aber um nicht mehr! Und deshalb braucht der Rückschlag durch die polnische Frage nicht so erheblich zu werden, wie es der Rückschlag durch die tschechoslowakische Frage 1968 geworden ist. Die Zielsetzungen der Friedensbewegung werden allesamt von der polnischen Frage nicht betroffen. Man kann also bei verschiedener Einschätzung des polnischen Problems durchaus in der Friedensbewegung einig bleiben und gemeinsam kämpfen – dies gilt ebenso für die Abwehrbewegung gegen andere Reaktionsformen in der Bundesrepublik Deutschland heute, etwa die Kämpfe gegen die Verringerung des Lebensstandards der Arbeiter, die Verschlechterung der Sozialgesetzgebung und Arbeitslosenversicherung, die Verschärfung der Zumutbarkeitsregelungen für Arbeitslose. Man darf sich nur nicht in den Bewertungen der polnischen Frage zu Feinden gegeneinander aufbauen lassen.

F. D.: Du hast gesagt, daß die kapitalistische Weltwirtschaftskrise auch hineinwirkt in die sozialistischen Länder. Jetzt scheint es ja, wie das polnische Beispiel zeigt, daß innere Krisenprozesse in sozialistischen Ländern mit der ganzen Problematik der internationalen Friedenspolitik in einem engen Zusammenhang stehen. Die polnische Krise, sowohl die Solidarność-Bewegung wie auch jetzt das Eingreifen der Militärs, zeitigt Wirkungen nach außen und könnte die Friedensbewegung insgesamt und auch in Westeuropa schwächen; dies ist ja auch einer der wesentlichen Ansatzpunkte für die Verschärfung des Reagan-Kurses. Meine Frage wäre jetzt: worauf führst Du solche inneren Krisenentwicklungen zurück? Die Zwangslage dieser Länder, auf Bedrohung reagieren zu müssen, führt möglicherweise dazu, daß hierdurch innere Krisenprozesse gefördert werden, die somit als Instabilisierungsfaktoren einer Friedenspolitik wirken können. Womöglich wirken auch in einigen anderen sozialistischen Ländern, beispielsweise in Rumänien, ähnliche wirtschaftliche Krisenmomente wie gegenwärtig in Polen.

W. A.: Ohne jeden Zweifel! Aber sozialistische Länder, auch der Block sozialistischer Länder, sind ja nun einmal trotz der Stalin'schen Ideologie vom „Sozialismus in einem Land", die Mitte der zwanziger Jahre formuliert worden ist, nicht autark, sondern es gibt weltwirtschaftliche Verbindungen, die ganz einfach existieren und noch stärker geworden sind, seit zahlreiche sozialistische Länder hochindustrialisiert sind. Also sind sozialistische Länder auch gegen die ökonomischen Auswirkungen einer Weltwirtschaftskrise der kapitalistischen Länder mit ihrer überlegenen Ökonomie niemals immun und können es gar nicht sein. Würde man die Stalin'sche These vom Aufbau des Sozialismus in einem Land in dem Sinne interpretieren wollen, daß man isolierte sozialistische Länder für fähig halten würde, zu einer vollen, rationalen kommunistischen Gesellschaftsordnung vorzustoßen, obwohl die übrige Welt noch monopolkapitalistisch organisiert ist, so wäre diese Vorstellung ohne Zweifel völlig utopisch und falsch. Denn es gibt Rückwirkungen der kapitalistischen Krisen auf die sozialistischen Länder, ebenso wie es Rückwirkungen – sozusagen Nebenprodukte von Verzerrung – der Hochaufrüstung der kapitalistischen Staaten in die sozialistischen Staaten in hohem Maße gibt. Unzweifelhaft wird durch diese Situation, wie sie – einmal in dieser, einmal in jener Version – seit 1917 unvermeidlich existiert und durch die negativen Erscheinungsformen in sozialistischen Ländern, die dadurch notwendig immer wieder entstehen, jede progressive Bewegung, also auch die Friedensbewegung, und erst recht jede sozialistische Bewegung in den kapitalistischen Staaten immer wieder belastet, immer wieder in Diskussionen oder auch Krisen hineingeführt. Das gehört nun einmal zu unserer Etappe der weltgeschichtlichen Entwicklung.

G. M.: Sind die sozialistischen Länder Faktoren einer internationalen Friedenspolitik? Gibt es auch dort eine Friedensbewegung? Über diese Fragen werden in unserer Friedensbewegung Kontroversen geführt. Zuweilen werden sie negativ beantwortet: auch die sozialistischen Staaten seien hochgerüstete Staaten. Die konträre Position ist: die Außenpolitik der sozialistischen Staaten sei a priori Friedenspolitik. Dies sind nun zwei Positionen, die sich gegenseitig ausschließen.

W. A.: Das sind zwei Positionen, die sich ausschließen und die gleichwohl vermittelt werden müssen. Einerseits ist eins richtig – alle sozialistischen Staaten müssen zum strategischen Ziel der Abrüstung hindrängen, schon um eigene Belastungen zu vermindern. Dieses strategische Ziel jeder Friedenspolitik müssen und wollen sie unbedingt verfolgen. Sie können zuweilen in einzelnen Phasen zu anderen Maßnahmen gezwungen sein – wir haben vorhin anläßlich der finnischen Frage darüber gesprochen –, aber diese strategische Grundlage bleibt. Andererseits werden in den sozialistischen Staaten, die in ihren politischen Formen historisch unvermeidlich in vielem gefroren sind, die angesprochenen Probleme oft noch dogmatisch und nicht immer konkret und also richtig behandelt. Daher können und müssen in sozialistischen Staaten natürlich immer wieder kritische Positionen gegenüber solchen Dogmatisierungen entstehen. Es bedarf ihrer sogar, sonst könnten sie nicht überwunden werden. Man kann jene Zufälle, auf die vorhin angespielt wurde, gar nicht ausschließen, ohne daß es solche Elemente in den sozialistischen Staaten gibt, die dies Problem wirklich als Problem erkennen und behandeln. Und deshalb sehe ich einen erheblichen Fortschritt darin, daß etwa in jüngster Zeit in der DDR einmal die Diskussion der Schriftsteller in der Offenheit möglich wurde – mit zum Teil auch überpazifistischen, falsch vorgetragenen Positionen von Schriftstellern der DDR, die ich nicht voll billigen würde (die aber durchaus vorgebracht werden sollen), mit zum Teil außerordentlich klugen Erwägungen von Schriftstellern aus der DDR und zum Teil auch noch mit dogmatischen Erörterungen. Und ich sehe einen zweiten großen Fortschritt darin, daß in jüngster Zeit jene Kirchendemonstration von Ultrapazifisten in der DDR ohne übermäßige negative Folgen für ihre Teilnehmer möglich geworden ist und stattgefunden hat. Das ist ein Fortschritt, der übermäßige Verhärtungen in den sozialistischen Staaten mindern kann, und es ist ebenso ein Fortschritt, daß Probleme dieser Art auch in wissenschaftlichen Zeitschriften der DDR und der UdSSR auftauchen und durchaus diskutiert werden können. Das gilt auch für den Fragenkreis der Ökologie.

5. Zur Politik der Bundesregierung

F.D.: Wir haben bislang die Probleme des Friedens und der Abrüstung aus der weltpolitischen Perspektive, d.h. vor allem aus den Interessenlagen der USA und der UdSSR, behandelt. Nunmehr müssen wir uns mit der Rolle der BRD im internationalen Kontext und mit der Politik der sozialliberalen Bundesregierung beschäftigen. Wenn man das Problem historisch betrachtet, stößt man sogleich auf einen Widerspruch. Die Konstitution des Teilstaates BRD findet im Klima des Kalten Krieges statt. Sie ist – nach einer Formulierung Konrad Adenauers – „Festlanddegen der USA" oder „Eckpfeiler des atlantischen Bündnisses". Aufgrund der politischen Interessen der herrschenden Klasse wird sie im Kalten Krieg zum engsten politischen Verbündeten der USA. In den sechziger Jahren entwickelt sich aber Schritt um Schritt eine relativ eigenständige Außenpolitik der BRD. Die BRD muß es lernen, in den Dimensionen einer „mittleren Macht" Politik zu betreiben, die der starken internationalen Position des BRD-Kapitals, vor allem seiner Führungsrolle in Westeuropa, Rechnung trägt.

Natürlich bildet die Ost-Politik der Brandt-Scheel-Regierung den ersten bedeutenden Schritt in diese Richtung – und man weiß inzwischen (neuerdings noch einmal unterstrichen durch die Kissinger-Memoiren), daß in den USA wie bei anderen Regierungen Westeuropas die Perspektive einer eigenständigen sozialliberalen Ostpolitik mit einigem Mißtrauen beobachtet worden ist; denn man fürchtet dort die – wie auch immer fernliegende – Perspektive einer ökonomischen und politischen Stärkung Deutschlands z.B. durch eine Wiedervereinigung oder eine Neutralisierung, die nur durch eine Entspannung und Verbesserung der Beziehungen zur Sowjetunion sowie zwischen den beiden deutschen Staaten zu erreichen wäre.

Zu Beginn dieses Abschnittes möchte ich Dich also fragen, wie Du diesen Widerspruch bewertest: auf der einen Seite ist die BRD historisch besonders eng an die US-amerikanische Außenpolitik gebunden. Sie hat eine starke und privilegierte Position in der NATO, und schließlich hat sich Helmut Schmidt gerühmt, daß er den NATO-„Nachrüstungsbeschluß" durchgesetzt habe; auf der anderen Seite spielt die BRD eine aktive Rolle in der ökonomischen und politischen Konkurrenz Westeuropa – USA. Sie unternimmt in ihrer Außenpolitik immer wieder Versuche, ihre Selbständigkeit gegenüber den USA zu demonstrieren, und sie konzentriert sich darauf, im westeuropäischen Raum eine hegemoniale Rolle zu spielen.

W. A.: Dieser Widerspruch besteht tendenziell schon bald nach der Gründung der Bundesrepublik. Zunächst ist es richtig: in der ersten Phase ihrer Außenpolitik ist die Bundesrepublik stark gebunden und voll unterworfen unter die jeweiligen strategischen Überlegungen der USA. In der Gründungsphase der BRD zeigt sich dies im Widerspruch zwischen der Restaurationspolitik und dem Wiedervereinigungsanspruch vor allem bei der CDU/CSU. Wir wissen, daß die Adenauer'schen Interessen real zunächst nicht auf die Einbeziehung der DDR, sondern auf die Gründung eines eigenen westlichen Staates zielten. Adenauer fürchtete eher die Einbeziehung der DDR, weil er davon innenpolitische Verlagerungen – vor allem zugunsten der SPD – befürchtete, die sich gegen die Politik der kapitalistischen Restauration hätten wenden können. Auf der anderen Seite besteht in dieser Periode ein starkes Interesse des außenpolitischen Apparats und großer Teile des Kapitals der BRD an einer direkten „Eroberung" der DDR. Man denke nur an die ersten Phasen der Wiedervereinigungspolitik und die offensiven Vorstellungen, die lange Zeit durchgehalten werden: Nichtexistenz der DDR, Fortexistenz des „Deutschen Reiches" in den Grenzen von 1937, wobei diese Begründung auch völkerrechtlich in sich total widerspruchsvoll und unsinnig war; denn die DDR hatte eben nicht die Ost-Grenzen von 1937. Deshalb umfaßte diese auch juristisch unhaltbare These auch einen unmittelbaren Angriff auf die Existenz des polnischen Staates, den andererseits die USA zum Ausscheren aus dem Bündnis mit der UdSSR gewinnen wollten. Da die Führungsgruppen der BRD von vornherein jede Wiedervereinigungsvorstellung im Sinne einer einheitlichen Willensbildung, die die Restauration in Zweifel gezogen hätte, ablehnten, konnten sie die Wiedervereinigung nur als Einbeziehung der DDR in den westlichen Machtbereich konzipieren – ein Konzept, das angesichts der weltpolitischen Kräfteverhältnisse zum Scheitern verurteilt war. Das ging bekanntlich so weit, daß die IG-Farben-Aktien weiter an den Börsen der BRD gehandelt wurden, wobei man mit diesem Handel die Vorstellung nährte: „wir können Leuna wiedererobern." Die Monopolinteressen in dieser Richtung sind in dieser Zeit identisch mit großen Teilen des außenpolitischen Apparats der USA; denn dort ist in diesen Jahren die „roll-back"-Phantasie eine ernsthafte Vorstellung amerikanischer Außenpolitik gewesen.

F. D.: Worauf aber führst Du es zurück, daß heute von einem Alexander Haig zu hören ist, Helmut Schmidt müsse „hart genommen" werden, wenn er in die USA komme? Worauf führst Du es zurück, daß die Bundesregierung auf der einen Seite Treuebekenntnisse zu den USA und zur NATO abgibt und daß sie auf der anderen Seite – in der Polenfrage, auch in der Frage der Abrüstung – zumindest verbal auf einem eigenständigen Handlungsspielraum besteht?

W. A.: Sogar in der Mittelamerika-Frage! Sie weicht immer wieder zurück, aber es gibt immer wieder Versuche in der Richtung auf Verselbständigung der bundesrepublikanischen Außenpolitik. Das führe ich für die gegenwärtige Situation auf widersprüchliche Interessen zurück. In dem Augenblick, in dem das bundesrepublikanische Monopolkapital wieder eine eigenständige reale Machtposition gewinnt, treten selbstverständlich solche Widersprüche auf, weil es ja keine völlig einheitlichen Interessen des internationalen Monopolkapitals gibt. Auf dem Weltmarkt stehen die nationalen Kapitale vielmehr in einem Verhältnis scharfer Konkurrenz zueinander, die durch die Weltwirtschaftskrise seit den siebziger Jahren noch härter geworden ist.

Solche Widersprüche müssen sich immer wieder in der Politik spiegeln. In der BRD ist das sehr früh der Fall – ich erinnere nur an das „Stahlgeschäft" noch unter der CDU/CSU-Regierung. Unter dem Druck der USA („Röhrenembargo") wird 1963 noch auf den Handel mit der UdSSR verzichtet. Heute zeigt sich immer wieder, daß aufgrund der Exportinteressen des BRD-Kapitals auch weltpolitische Interessenunterschiede gegenüber den USA auftreten. Man braucht z.B. nur die Konkurrenzinteressen hinsichtlich des Brasiliengeschäftes zu verfolgen. Derartige Widersprüche innerhalb des Systems der imperialistischen Konkurrenz müssen immer wieder entstehen. Die scharfe Auseinandersetzung um den Erdgas-Röhren-Komplex zwischen der BRD und Frankreich auf der einen, den USA auf der anderen Seite hat diese Frage auf erstaunlich hoher Stufe aktualisiert. Sie zeigt übrigens auch, wie sehr die Reagan-Administration dazu neigt, auf alle völkerrechtlichen Normen zu pfeifen.

F. D.: Bist Du der Auffassung, daß man die heutigen politischen Konstellationen innerhalb des herrschenden Blocks – soweit es die Außenpolitik betrifft – mit der „Monopolgruppentheorie" zusammenbringen kann? Danach wäre zu unterscheiden zwischen dem militärisch-industriellen Komplex, der sich für Aufrüstung, Rüstungsexport, für die Ideologie des Kalten Krieges und für die enge Anbindung an die Reagan-Politik engagiert; und dem Kapital, das im Osthandel engagiert ist, das eher für die Entspannungspolitik und die Koexistenz plädiert. Hältst Du es überhaupt für sinnvoll, politische Konstellationen und Strategien in dieser Weise auf die konkurrierenden Interessen von Monopolgruppen und Kapitalfraktionen zurückzuführen?

W. A.: Grundsätzlich halte ich das für durchaus sinnvoll. Eine wissenschaftliche

Aufarbeitung in dieser Richtung würde ich für notwendig halten. Sie müßte allerdings sehr genau differenzieren. Allerdings ist das außerordentlich schwierig, wenn man nur an das Quellenmaterial denkt. Die internen Entscheidungsprozesse werden weitgehend im Verborgenen bleiben. Man muß solche Probleme aber immer in Beziehung zur Analyse interner Apparatinteressen stellen. Für die Außenpolitik der Bundesregierung ist dabei zu berücksichtigen, daß die Restituierung des außenpolitischen Apparates zum großen Teil an dem Personalbestand des alten Auswärtigen Amtes des „Dritten Reiches" angeknüpft hat und dann im Schatten der Vorstellungsweisen der härtesten Perioden des Kalten Krieges ihren Nachwuchs herangebildet hat. Die Ideologie dieses Personals stimmt zunächst mit der der aggressivsten Teile des Kapitals überein. Dafür könnte man zahlreiche Namen nennen. In dieser Richtung müßte man als Historiker ansetzen. Dies ist außerordentlich schwierig; deshalb gibt es noch zu wenig Untersuchungen in dieser Richtung.

K. F.: Du hast bei der Beantwortung dieser Fragen sehr stark objektive Faktoren, also die Logik der Kapitalinteressen in ihrer Wirkung auf die Politik der Bundesregierung, hervorgehoben. Mich würde interessieren, welchen Stellenwert Du dem Faktor Massenloyalität bei der Analyse der gegenwärtigen Außenpolitik der BRD beimißt. Wäre nicht zu vermuten, daß die Abweichungen von der „reinen Bündnistreue" – z.B. in der Nicaragua- oder der Polen-Frage, oder aber auch beim Erdgas-Röhren-Geschäft – auch in einem Zusammenhang stehen mit der Rücksicht auf die SPD-Basis und mit der Rücksicht auf die Friedensbewegung?

W. A.: Ohne jeden Zweifel! Dieser Faktor Massenloyalität spielt nicht nur für die gegenwärtige sozialliberale Koalition, sondern auch für die relativ bald zu erwartende Bundesregierung mit einer CDU/CSU-Mehrheit eine bedeutende Rolle. Dennoch muß man sehen, daß Massenloyalität auch manipulierbar ist. Die Bundesregierung und der herrschende Komplex versuchen das ständig – mit wechselnden Erfolgen. So war bisher der Versuch, die Massenloyaliltät angesichts der Polenkrise in Richtung auf eine antisozialistische und antisowjetische Konfrontationspolitik zu dirigieren, viel weniger erfolgreich, als ich zunächst angenommen hatte. Zweifellos hat der Faktor Massenloyalität seine eigenständige Bedeutung. Mir scheint, daß er auch in der partiellen Distanz der Politik der Bundesregierung gegenüber der Lateinamerika-Politik und der pro-israelischen Politik der Reagan-Administration oder im Libanon-Krieg zur Wirkung kommt; denn ganz ohne Zweifel wäre es nicht leicht, Massenloyalität in der BRD – wie in ganz Westeuropa – für abenteuerliche imperialistische Interventionen in Lateinamerika oder –

trotz der pro-israelischen Vorurteile, die als tiefenpsychologisch nur zu leicht verständliche Ablenkungs-Ideologie von der Schuld aller Führungsgruppen im „Dritten Reich" noch immens große Bedeutung haben – für die verbrecherische Politik Begins und Sharons zu mobilisieren.

Man muß aber die einzelnen politischen Felder genau durchanalysieren. Für die Bundesrepublik gilt dabei, daß es offensichtlich nicht mehr möglich ist, die Massenloyalität – wie noch in den fünfziger und frühen sechziger Jahren – dermaßen eindeutig auf den totalen Konflikt mit dem Osten zu manipulieren, wie das damals gelungen war. Seit der Studentenbewegung und der außerparlamentarischen Opposition der späten sechziger Jahre, seit auf breiter Basis – vor allem am Lehrstück des Vietnam-Krieges – begriffen wurde, welch enger Zusammenhang zwischen Imperialismus und Terrorismus gegenüber Ländern der „Dritten Welt" besteht, seit dieser Zeit ist es schwieriger geworden, die groben Schemata des Kalten Krieges zum hauptsächlichen Inhalt der Massenloyalität zu machen.

G. F.: Mir ist an dieser Stelle nicht klar geworden, was die Berücksichtigung der Massenloyalität bedeutet. Bedeutet sie ein relativ demokratisches Element, auf das die Regierungspolitik Rücksicht zu nehmen hat, oder bedeutet sie ein besonders demagogisches Element der Regierungspolitik? Du hast gerade davon gesprochen, daß man in den fünfziger und den frühen sechziger Jahren die Massen für eine aggressiv antikommunistische Außenpolitik mobilisieren konnte, was heute in dieser Breite nicht mehr möglich ist. Seit 1979 ist nun der zentrale Punkt der Auseinandersetzung der NATO-Aufrüstungsbeschluß, die Aufstellung US-amerikanischer Mittelstreckenraketen auf dem Boden der Bundesrepublik. Nun könnte man doch vermuten, daß im strategischen Kalkül der Bundesregierung solche politischen Komplexe wie das Verhältnis zu Mittelamerika und zu Polen, das Erdgas-Röhren-Geschäft, das Stahlgeschäft usw. Fragen von sekundärer Bedeutung sind – daß aber gleichzeitig die derzeitige Bundesregierung nur eine Chance sieht, ihre zentrale Option, die Entscheidung für die sog. „Nachrüstung" – und damit die Erpressung der Sowjetunion – durchzusetzen, indem sie sich in den genannten Fragen von sekundärer Bedeutung flexibel zeigt. Wenn das so wäre, dann käme das doch dem Versuch gleich, die Friedensbewegung oder Teile der Friedensbewegung für diese Strategie zu vereinnahmen.

W. A.: Natürlich gibt es dabei solche demagogischen Gesichtspunkte – und man hat ein großes Vorbild dafür: das Überwinden der Anti-Aufrüstungsstimmung ganz zu Beginn der fünfziger Jahre. Es ist damals gelungen, eine zunächst nicht vorhandene Massenloyalität für die Remilitarisierung der BRD schnell auf- und nachzuholen - übrigens mit einer so starken Überdeckung der Gesamtgesellschaft, daß auch die sozialdemokratische Opposition dagegen erstaunlich rasch verschwindet (selbst noch die innersozialdemokratische Opposition). Und dies Vorbild steht natürlich der politischen Führung der Bundesrepublik deutlich vor Augen.

An diesem Beispiel können wir zugleich die punktuelle Eigenständigkeit der Politik verdeutlichen, die niemals bloßer Schein, sondern immer auch Auseinandersetzung um reale Interessen ist. Hier kommen wir – nebenbei bemerkt – an das Grundproblem des Funktionierens der bürgerlichen parlamentarischen Demokratie und der vielseitigen politischen Verschiebungen im Rahmen dieser parlamentarischen Demokratie überhaupt heran. Man kann erstens – wir haben das vorhin schon bei dem Problem der Aufrüstung wie bei dem Problem der atomaren Rüstung durchdiskutiert – durch Massendruck Entscheidungen verzögern und damit auch weltpolitische Veränderungen bewirken. Und zweitens kann man dabei durch Ausnutzen von Interessendivergenzen innerhalb der herrschenden Klassen und durch entsprechenden Massendruck von unten Entscheidungen umdirigieren. Es ist durchaus möglich, eine zunächst rein demagogisch konzipierte Politik in eine reale Politik praktisch umzukehren. Dieses Problem steht immer wieder vor uns; in Wirklichkeit handelt es sich dabei um ein Problem des Klassenkampfes in der parlamentarischen Demokratie überhaupt.

Ich möchte dafür ein Beispiel nennen: Die Umkehrung der Politik der Bundesrepublik von einer Politik der totalen Negation der sozialistischen Staaten und der Sowjetunion zur Politik der realen Anerkennung dieser Staaten. Diese Umkehr war – wenn sie sich auch schon vorher andeutete – erst mit dem Wechsel zur sozialliberalen Koalition 1969 durchsetzbar; aufgrund des Drucks von unten auf der einen und aufgrund von Interessendivergenzen innerhalb der herrschenden Klassen auf der anderen Seite. Mit den Verträgen von Moskau und Warschau und schließlich mit der praktischen Anerkennung der DDR durch die Vier-Mächte-Erklärung und den Grundlagen-Vertrag vollzog sich keineswegs nur ein demagogisches Umschalten der herrschenden Klassen, bei allen Widersprüchen, die es darin gibt. Vielmehr wurde dieses Umschalten der Politik nur dank des nicht manipulierten Drucks von unten möglich, wie er in der Studentenbewegung und der Antinotstandsbewegung auftritt und sich auf dem Nürnberger Parteitag der SPD spiegelt.

Diese Problematik wiederholt sich natürlich heute mit der Politik der Bedrohung der Sowjetunion durch Mittelstreckenraketen vom Boden der Bundesrepublik aus. Die Bundesregierung unterstützt zunächst die offensiven Positionen der US-Regierung und glaubt das auch im Interesse der herrschenden Klassen tun zu müssen; andererseits steht sie unter dem Druck der Friedensbewegung. Ich halte es für durchaus möglich, diese Politik durch Druck von unten umzukehren, d. h. die reale Politik der Phraseologie, durch die Massenloyalität gewonnen werden soll, anzupassen. Und das hieße Verzicht auf diese Rüstung.

G. M.: Auf einigen Feldern bemerken wir gegenwärtig tatsächlich eine größere Distanz der Bundesregierung zur Politik der USA als in den fünfziger Jahren. Aber es bleibt doch der Widerspruch, daß mit der aktiven Unterstützung des NATO-Aufrüstungsbeschlusses durch diese Bundesregierung eine stärkere Selbsteinbindung in die USA-Strategie erfolgt als je zuvor. Adenauer hat sich damals gegen die Stationierung atomarer Mittelstreckenraketen auf dem Territorium der Bundesrepublik gewehrt. Wie kommt es, daß die gegenwärtige Regierung in dieser Frage sogar hinter der Adenauer-Position zurückbleibt?

W. A.: Die Politik dieser Regierung kann nur im Zusammenhang der Zuspitzung der allgemeinen weltpolitischen Situation zwischen sozialistischen und kapitalistischen Staaten sowie der Wirkungen der Weltwirtschaftskrise auf die innere Situation der kapitalistischen Staaten richtig bewertet werden. In einer solchen Situation werden zwei strategische Zielsetzungen verfolgt: den Einflußbereich der sozialistischen Staaten durch äußeren Druck zu begrenzen und möglichst Krisenprozesse und Spannungen in ihnen zu fördern – und zweitens: in den kapitalistischen Staaten selbst Bewußtseinsformen, Mentalitäten und politische Einstellungen zu schaffen, die das reale Austragen von Klassengegensätzen erschweren oder unmöglich machen. Insgesamt heißt das: aggressive Mentalität gegenüber den sozialistischen Staaten. Sie soll heute durch die Unterstellung begründet werden, die sozialistischen Staaten verfügten über ein aggressives militärisches Übergewicht. Es ist also zunächst der Kontext der weltwirtschaftlichen und weltpolitischen Krise, aus dem der Rückfall der Politik der Bundesregierung erklärt werden muß. Die Adenauer'sche Politik Ende der fünfziger Jahre – teils in heftigem Widerspruch zu Teilen des Staatsapparats – entscheidet sich noch (partiell rational) gegen die Selbstgefährdung des westdeutschen Kapitalismus; denn Mittelstreckenraketen bedeuten eine solche Selbstgefährdung. Heute hingegen stehen wir in einer Weltkrisensituation besonderer Art, in der – eben auch durch die Politik der Bundesregierung – verstärkte Drohungsinteressen einen um so größeren Einfluß gewinnen müssen.

K. F.: Sozialdemokratisches Politikverständnis könnte man in den Satz fassen: Das ökonomische Prinzip soll dienen, das politische Prinzip soll herrschen. Allerdings ist das ein frommer Wunsch und nicht die Realität. Aus Deinen Ausführungen könnte man nun die These ableiten, daß das ökonomische Prinzip sich unvermittelt durchsetzt und daß die politischen Funktionsorgane kaum mehr als Durchlauferhitzer ökonomischer Interessen sind. Das könnte ich so nicht akzeptieren; denn mir scheint, daß das komplexe Geflecht von Interessen, Optionen, ideologischen Positionen und Mechanismen der politischen Entscheidungsbildung genauer und differenzierter bestimmt werden muß. Mich interessiert dieses Problem auch im Blick auf die Frage, welche Handlungsspielräume für eine alternative Politik – auch der sozialliberalen Koalition – eigentlich vorhanden sind. Nehmen wir einmal an, der überwiegende Teil der SPD und Teile der FDP würden auf eine Politik hinarbeiten, die eine größere Distanz gegenüber den imperialistischen Bestrebungen der USA-Politik einnimmt. Dann wäre damit zu rechnen (wenn man einmal absieht von dem Widerstand in den eigenen Reihen), daß diese Politik von der CDU/CSU als schädlich für Deutschland angeprangert würde, daß der größte Teil der sogenannten öffentlichen Meinung gegen eine solche Politik Sturm laufen würde, daß bedeutende Kapitalgruppen massiv intervenieren würden und daß schließlich auch über die erheblichen Einflußmöglichkeiten der USA – sei es direkt oder über die NATO – massiver Druck ausgeübt würde, um eine solche Entwicklung in der Bundesrepublik abzublocken. Wie kann man sich unter solchen Bedingungen – also den Bedingungen der täglichen Geschäfte der Bundesregierung – überhaupt vorstellen, daß ein größeres Engagement für demokratische Optionen und Perspektiven z.B. in der Frage der Verhinderung des NATO-Aufrüstungsbeschlusses politisch wirksam werden könnte?

W. A.: Wohlgemerkt, hier handelt es sich wiederum um ein Problem des verstärkten Drucks von unten. In formaldemokratisch organisierten kapitalistischen Ländern spielt nun einmal das Problem der Massenloyalität eine große Rolle. Eine Politik der Bundesregierung, die sich durch die Mobilisierung von Massenloyalität für eine selbständige, verständigungsbereite Politik entscheiden würde, wäre deshalb möglich, weil sie an die realen Interessen der Massen anknüpft. Sie könnte Massenloyalität für eine solche Politik in einem so starken Maße mobilisieren, daß die Ausweich- und Angriffsmöglichkeiten des Gegners erheblich eingeschränkt würden.
Nehmen wir die gegenwärtige Situation in der Bundesrepublik. Wir haben doch in der Friedensbewegung eine – zum Teil zwar noch diffuse – erstaunlich breite Bewegung für eine rationale Außenpolitik. Und diese Bewegung kann, wenn sie sich weiterentwickelt und rationalisiert, natürlich Einfluß auf die herrschende Politik ausüben, sie zwingen, außenpolitische Optionen zu modifizieren oder zu ver-

ändern. Nehmen wir als typisches Beispiel die Gewerkschaftsspitzen. Diese haben zunächst mit der Friedensbewegung überhaupt nicht sympathisiert. Aber schon bei der Diskussion des DGB-Grundsatzprogramms, dann bei der Formulierung des DGB-Friedensaufrufes und der Unterschriftensammlung, ist die Führung – wenn auch noch nicht konsequent – gezwungen worden, auf diese Massenstimmung und die Friedensbewegung Rücksicht zu nehmen. So unklar die außenpolitischen Forderungen des DGB-Friedensaufrufes bleiben, so sind sie doch auch bestimmt durch den Druck der Friedensbewegung und keineswegs eine freiwillige Entscheidung. Die Bundesrepublik wäre also – bei allen Abhängigkeiten – durchaus in der Lage, eine rationale Verständigungspolitik und Friedenspolitik durchzusetzen, wenn sie durch den Druck einer Massenbewegung und Massenstimmung in diese Richtung gezwungen würde – auch gegen die Opposition des amerikanischen Kapitals und eines großen Teils des (keineswegs des gesamten) bundesdeutschen Kapitals. In einer solchen Lage wäre sogar zu erwarten, daß sich eine Umkehr dieser Art auch in den herrschenden politischen Parteien spiegeln würde, daß – mit anderen Worten – eine ernsthafte Behinderung einer solchen politischen Wende kaum möglich wäre.

Ich erinnere nur daran, daß auch die CDU zu Beginn ihrer Existenz gezwungen war, sozialistische Lösungen in ihre politische Programmatik aufzunehmen – und zwar vor allem deshalb, weil in der ersten Periode der Nachkriegszeit im Massenbewußtsein Kapitalismus und Faschismus identifiziert wurden und weil – darüber hinaus – Sozialismus mit Wiederaufbau, Frieden, Freiheit und sozialer Gerechtigkeit identifiziert wurde. Daß die CDU auch heute immer wieder empfindet, daß sie in ihrem Vokabular (wenn auch keineswegs in ihrem politischen Verhalten) Zugeständnisse an Massenstimmungen zu machen hat, zeigt sich u.a. in den immer wiederholten Versuchen, mit der jungen Generation ins Gespräch zu kommen.

Ich glaube also nicht an eine unmittelbare und absolute Abhängigkeit der Bundesregierung von den Interessen des aggressivsten Flügels des Monopolkapitals aufgrund weltpolitischer und weltwirtschaftlicher Zwänge. Ökonomische Interessen sind niemals unvermittelt identisch mit der politischen Entscheidung, sondern setzen sich nur mit dieser um und sind daher vielen Vermittlungen unterworfen. Und dank dieser – auch widersprüchlichen – Vermittlungen, die in erster Linie auch mit dem Problem der Massenloyalität zusammenhängen, halte ich es für möglich, daß die Bundesregierung in eine deutlich selbständigere Politik hineinbewegt werden kann, wenn die Friedensbewegung noch stärker wird und es versteht, rational zu handeln.

F. D.: Worin siehst Du die wesentlichen Unterschiede, aber auch die Gemeinsamkeiten zwischen der Politik der sozialliberalen Bundesregierung und der CDU/CSU auf dem Gebiet der Außen- und Militärpolitik?

W. A.: Zunächst einmal die wichtigsten Gemeinsamkeiten. Wir haben gerade ein Beispiel dafür: die berühmte Afghanistan-Erklärung des Bundestages. In der generellen Tendenz einer Offensive gegenüber den sozialistischen Staaten und infolgedessen auch einer Überhöhung der atomaren Rüstungsstandards bis hin zur unmittelbaren Bedrohung der UdSSR durch die Mittelstreckenraketen sind sich SPD- und CDU-Führung weitgehend einig, obwohl gelegentlich in den Auseinandersetzungen vor allem vom rechten Flügel der CDU/CSU demagogisch Differenzen herausgekehrt werden. Wenn es aber in diesem Punkte keine prinzipiellen Differenzen zwischen der sozialliberalen Koalition und der Politik der CDU/CSU gibt, so gibt es doch relevante Divergenzen in den Willensbildungsformen der Mitglied- und Anhängerschaft, in den Methoden und Problemen, wie man versucht, die Akklamation der Bevölkerung herbeizuführen. Die SPD ist nach wie vor eine Partei, die in hohem Maße auf die Akklamation der abhängig Arbeitenden angewiesen ist. Aber was ihre Spitze betrifft, so ist sie weitgehend eine Partei geworden, die die Willensbildung der abhängig Arbeitenden nicht in Richtung der Entwicklung eines Klassenbewußtseins vorantreibt und damit wirklich mobilisiert, sondern sie ist eine Partei, die umgekehrt unter bestimmten Bedingungen Kapitalinteressen und Systembestandsinteressen in die Arbeiterklasse hinein übersetzt. Daraus resultieren natürlich stets auch innerparteiliche Konflikte und Auseinandersetzungen – gerade jetzt in der Frage der Friedens- und Abrüstungspolitik, aber natürlich erst recht im gesamten Problemkreis der Wirtschafts- und Sozialpolitik und der Finanzpolitik, deren Verständnis den abhängig Arbeitenden unmittelbar näher liegt, in denen sich der Gegensatz zwischen Herrschaftsinteressen auf der einen und den Interessen der Lohnabhängigen auf der anderen Seite konkretisiert.

Die grundsätzlichen Unterschiede liegen also nicht in den grundsätzlichen Optionen der Außen- und Militärpolitik. Daher gibt es auch keinen prinzipiellen Unterschied zwischen einer Außenpolitik, die eine Regierung Kohl/Strauß betreiben würde, und der Außenpolitik, die die Regierung Schmidt/Genscher verfolgt. Die grundsätzlichen Unterschiede liegen auf einer anderen Ebene – hier vor allem bei der Möglichkeit der Mobilisierung der Mitglied- und Anhängerschaft der Sozialdemokratie (oder eines beträchtlichen Teils davon) gegen diese Politik und gegen die Konsequenzen dieser Politik. Diese Mobilisierung erfolgt natürlich niemals durch die Führung der Partei und meist stark verzögert. Ein typisches

Beispiel: Reagan hat unverhüllt und offen erklärt, daß er die Raumfahrt militärisch zu nutzen gedenkt, und damit noch vor kurzem offen begonnen, obwohl sich alle großen Staaten völkerrechtlich verpflichtet haben, das zu unterlassen. Aber weder die westdeutsche öffentliche Meinung noch die Friedensbewegung und die Anhänger der SPD haben bisher darauf reagiert.

G. M.: Gerade vor wenigen Tagen zeigte sich die Gemeinsamkeit der herrschenden Parteien erneut in der Zustimmung des Bundestages zum NATO-Beitritt Spaniens, obwohl doch die spanische sozialistische Partei dagegen votiert hat.

W. A.: Das zeigt, daß es auf diesem Gebiet überhaupt keine Solidaritätsvorstellungen der Führung der Sozialdemokratie auch nur innerhalb der Sozialistischen Internationale mehr gibt – und: leider auch keine Artikulationsfähigkeit derer, die in der Sozialdemokratie eher kritisch denken.

G. M.: Warum aber geht die Bundesregierung nicht in irgendeiner Form auf die verschiedenen Abrüstungsvorschläge ein, die wiederholt von den sozialistischen Ländern vorgetragen worden sind? Bekannt sind die Vorschläge des XXVI. Parteitages der KPdSU vom Februar 1981. Dort wurde u.a. eine Ausdehnung der vertrauensbildenden Maßnahmen im Sinne der Schlußakte von Helsinki, eine Begrenzung und Reduzierung der strategischen Rüstungen und vor allem ein Moratorium über die Stationierung neuer Mittelstreckenraketen der NATO und des Warschauer Paktes vorgeschlagen. Schon früher gab es Vorschläge für internationale Vereinbarungen, die das Verbot des Ersteinsatzes von Nuklearwaffen, die Ächtung der Neutronenbombe und die Schaffung von atomwaffenfreien Zonen enthielten. Auch das Stockholmer Friedensforschungsinstitut hat solche Vorschläge als militärstrategisch rational und als förderlich für die Entspannung bewertet. Erfolgt das Nichteingehen der Bundesregierung auf diese Vorschläge nun aufgrund des Drucks aus den USA oder aufgrund des eigenen politischen Antriebes?

W. A.: Ich würde hier sagen: „sowohl als auch" und nicht „entweder oder"! Der eigene politische Antrieb liegt in der totalen Identifikation der gegenwärtigen sozialdemokratischen Führung mit dem kapitalistischen System überhaupt. Und diese Identifikation geht ja soweit, daß heute nicht einmal die Opposition in der SPD in der Lage ist, gegenüber der Wirtschaftskrise deutliche sozialistische Alternativen zu entwickeln. Die Beschlüsse des Münchener Parteitages der SPD beschränken sich auf bloßen Keynesianismus; sie umfassen noch nicht einmal dessen linke Varianten, die noch das Godesberger Programm durchaus zugelassen hätte. Bei dieser Einbindung ist es klar, daß man in der Grundfrage der Systemstabilisierung in den Spitzen der SPD mit der herrschenden Politik in den USA übereinstimmt. Man will das kapitalistische System dadurch stärken, daß es Drohmechanismen gefährlichster Art gegenüber den sozialistischen Staaten entwickeln soll. Das widersprüchliche Problem, das aber an dieser Stelle wieder auftaucht, betrifft die Massenloyalität in der eigenen Partei, auch in der Gewerkschaftsbewegung, auf die die SPD notwendig angewiesen bleibt. Die bedingungslose Unterwerfung unter die in den USA vorherrschende Politik stellt diese Massenloyalität jedoch immer wieder in Frage. Durch den Druck der Friedensbewegung, die auch relevante Teile der Gewerkschaften und der Sozialdemokratie einschließt, kann daher durchgesetzt werden, daß auf ernsthafte und reale Abrüstungsvorschläge der sozialistischen Staaten eingegangen wird, auch und vor allem auf das Moratorium für neue atomare Waffen während der Genfer Verhandlungen und auf das Verbot des Ersteinsatzes von atomaren Waffen, wie es die UdSSR in den Vereinten Nationen immer wieder verlangt.

6. Die gegenwärtige Friedensbewegung

K.F.: Wir haben in dem gerade abgeschlossenen Abschnitt verschiedene Male die Frage der Massenloyalität, des Drucks von unten gestreift. Wie steht es in dieser Hinsicht eigentlich mit der gegenwärtigen Friedensbewegung? Es ist ja wohl zu konstatieren, daß das Aufkommen und die außerordentlich starke Ausbreitung der Friedensbewegung nach den vorausgegangenen Entwicklungen erstaunlich gewesen und eigentlich in dieser Form von niemandem erwartet worden sind. Kann man vielleicht dennoch sagen, daß für diese Entwicklung der Friedensbewegung eine soziale, personelle, thematische Anknüpfung an frühere Massenbewegungen in Opposition zu früheren Bundesregierungen wesentlich gewesen ist?

W.A.: Für ihr Bewußtsein sicher nicht, denn ein solches Kontinuitätsbewußtsein gibt es ja nur in kleinen Teilen der Friedensbewegung, nicht in deren Gesamtheit. Man kann das sogar schon bei den Initiatoren des Krefelder Appells verfolgen. Da ist zwar ein kleiner Teil, der sie vorantreibt, sicher mit Kontinuitätsbewußtsein ausgestattet; das gilt aber noch nicht einmal für alle Erstunterzeichner. Und die Massen, die heute in Bewegung geraten sind, haben zum größten Teil keine Kontinuitätsvorstellungen dieser Art. Weil sie das nicht haben, entsteht daraus sogar, wenn es nicht in rationaler Fortführung des Kampfes gelingt, Wissen über den historischen Kontext zu erzeugen, eine erhebliche Gefahr für die Friedensbewegung. Denn nur aus Kontinuitätsbewußtsein kann man auch strategisch und taktisch richtiges Verhalten lernen.

Nun zu dem Problem: Wieso war es möglich, daß die Friedensbewegung in so rapidem Maße gewachsen ist und so starken Druck ausübt, obwohl dies Kontinuitätsbewußtsein der Generation, die sie hauptsächlich trägt, fehlt? Da kommen sicherlich sehr viele Faktoren hinein, die man noch genauer untersuchen müßte. Erstens der Tatbestand, daß tatsächlich diesen Massen die unmittelbare Bedrohung durch die atomare Rüstung vorher nur partiell klar war und plötzlich durch das Problem der Stationierung von Mittelstreckenraketen auf dem Boden der BRD erst klar wird. Zweitens sind diese Massen der jungen Generation auch in anderer Beziehung in einer relativ verzweifelten Lage, nämlich aufgrund der Weltwirtschaftskrise. Dabei ist diesen Massen der jungen Generation sogar die Vermittlung dieser Probleme theoretisch durchaus unklar. Es ist eine reine Empfindensreaktion, in einer Stärke – das gebe ich durchaus zu –, die ich nicht erwartet hätte. Ich war außerordentlich erstaunt über die Riesenzahl von Unterschriften, die man für den Krefelder Appell mobilisieren konnte. Ich hatte nicht daran geglaubt. Ich hatte nur einen kleinen Prozentsatz dieser Zahlen erwartet, und ich war noch erstaunter auf der Bonner Demonstration im Oktober, erst recht über die zweite Demonstration zum Tage des Reagan-Besuchs. Die Ursache liegt zum großen Teil in der Hoffnungslosigkeit der Situation einer Generation in der Krise, die dieser Generation ja im großen und ganzen bewußt ist, und in dem Tatbestand, daß diese Hoffnungslosigkeit nun durch die militärische Konstellation, die ihr vorher nicht klar war, gesteigert wird. Typisches Beispiel für die Widersprüchlichkeit dieser Prozesse und ihres zunächst langsamen Verlaufs ist der Berliner Parteitag der SPD 1979, auf dem die Resolution in Richtung NATO-„Doppelbeschluß", wenn auch mit Einschränkungen, um die sich heute niemand mehr schert, gegen eine geringe Minderheit praktisch ohne größere Debatte gefaßt wurde. Das Gleiche wäre heute auf einem sozialdemokratischen Parteitag nicht mehr möglich, der würde jetzt zumindest von Massendemonstrationen, Auseinandersetzungen in der Vorbereitung und während seines Stattfindens selbst gekennzeichnet sein. Der Münchener Parteitag hat – trotz des Sieges des Vorstandes – diese Einschätzung bestätigt, die ich bereits vorher hatte.

K. F.: Wolf, Du hast eben gesagt, daß im Grunde in der Friedensbewegung das Kontinuitätsbewußtsein nur rudimentär vorhanden sei, in kleinen Kadern. Auf der anderen Seite ist festzustellen, daß die Gruppen, aus denen sich die Friedensbewegung speist, doch in starkem Maße ähnlich oder gleich strukturiert sind wie die Gruppen, aus denen sich die früheren Protestbewegungen gegen Wiederaufrüstung, gegen Atombewaffnung, die Ostermarschbewegung usw. rekrutiert haben. Nun möchte ich fragen: Was hat denn aus Deiner Sicht diese heutige Friedensbewegung mit der Tradition und der Programmatik der klassischen Arbeiterbewegung zu tun? Und ist das Thema der heutigen Friedensbewegung und die Aktivität der heutigen Friedensbewegung etwas, was sozusagen genuin zur Arbeiterbewegung gehört?

W. A.: Hier sollten wir zunächst nach der objektiven Seite fragen, nach der subjektiven fragen wir nachher noch. Objektiv ist die Arbeiterbewegung von Beginn des Übergangs zum Monopolkapitalismus und Imperialismus daran interessiert, den Krieg zu verhüten, den Frieden möglichst zu sichern. Ich erinnere nur an Engels' Arbeit „Kann Europa abrüsten?" aus dem Jahre 1893. Das ist ihr objektives Lebensinteresse in mehrfachem Sinn: a) sogar innerhalb der kapitalistischen Gesellschaftsordnung und b) zur Sicherung der Möglichkeit des Übergangs zu einer sozialistischen Gesellschaftsform. Der imperialistische Krieg geht auf ihre Kosten. Das haben die Kader der Arbeiterbewegung immer gewußt, immer wieder betont und immer wieder in die Massen einzuführen versucht. Das ist vor dem Ersten Weltkrieg und im Zwischenraum zwischen beiden Weltkriegen der Fall gewesen, und das ist (am schwächsten in der Bundesrepublik Deutschland, denn hier schwindet dieses Bewußtsein am raschesten) auch noch nach dem Zweiten Weltkrieg in großen Teilen der Arbeiterbewegung deutlich zu sehen. Sogar der rechteste Flügel, der reformistischste Flügel der Arbeiterbewegung hatte diese Überlegung stets im Hinterkopf behalten, und vor allen Dingen haben die Betriebsfunktionäre der Arbeiterbewegung das stets gewußt. Die katastrophale Perspektive des Krieges hat sich objektiv für die Arbeiterklasse keineswegs verändert. Nach wie vor bleibt die Arbeiterbewegung objektiv am unmittelbarsten, nicht nur hinsichtlich des eigenen Lebens, sondern auch hinsichtlich ihrer Vertretungsfähigkeit für die eigenen unmittelbaren materiellen Interessen im kapitalistischen System selbst an der Bekämpfung der Hochaufrüstung, an der Abwehr der Kriegsgefahr interessiert. In einem gleich starken Maße wie in der Bundesrepublik Deutschland ist in der Friedensbewegung anderer Länder dies Bewußtsein, wenn wir Europa nehmen, nicht verschwunden. Die Vorstellungsreihe ist am stärksten in der Bundesrepublik verschwunden. Der Zusammenhang von Arbeiterinteressen und Friedenskampf ist für die psychologische Situation der jüngsten Generation, die jetzt in Bewegung geraten ist, soweit ausgelöscht, daß sie sich als abstrakte Friedensbewegung ohne Rücksicht auf die Organisationswelt der Arbeiterwelt auffaßt. Dies ist wiederum die Konsequenz der besonderen Situation der Arbeiterorganisationen in der Bundesrepublik, denn hier identifiziert sich die Mehrheit der Sozialdemokratie nach dem Zweiten Weltkrieg offensiv mit den Interessen des amerikanischen Kapitals. Die Organisationsapparate der Arbeiterbewegung haben diese Identifikation auch auf militärischem Gebiet wiederholt versucht. Ich erinnere nur an die Reaktion des DGB auf die ersten Wiederaufrüstungsbestrebungen. Da kann zwar diese Reaktion der Spitze des Apparats dann durch den Druck von unten beseitigt werden – Fette wird abgewählt –, aber diese Apparatinteressen lagen nun vor und waren jedem, auch der jungen Generation, sichtbar. Bei dem Wiederaufflackern solcher Widersprüche, jetzt zur Zeit der sozial-liberalen Koalition mit einer von einem sozialdemokratischen Bundeskanzler auf dem Gebiet der Mittelstreckenraketen mit initiierten neuen atomaren Aufrüstungswelle, ist der jungen Generation die geschichtliche Vergangenheit und Möglichkeit einer weitgehend geschlossen und konsequent antimilitaristischen Arbeiterbewegung überhaupt nicht mehr klar. Denn mit dem DGB und der SPD konnte sie eine solche Erfahrung bislang noch nicht in genügendem Maße machen.

F. D.: Junge Mitarbeiter der Friedensbewegung könnten Dir jetzt kritisch vorhalten: Du siehst das Ganze zu eng, aus der Perspektive des Sozialisten und Deines Lebens in der Arbeiterbewegung. Es wird gegenwärtig in der Friedensbewegung folgendes sehr stark diskutiert: Erstens, die Friedensfrage sei eine Gattungsfrage, die sich gelöst habe von den Problemen Kapitalismus - Sozialismus, Arbeiterklasse - herrschende Klasse und des Monopolkapitals. Bahro und andere haben das sehr stark thematisiert. Das heißt in der Konsequenz auch, die Arbeiterbewegung kann überhaupt nicht die entscheidende oder die führende soziale und politische Kraft der Friedensbewegung sein. Zweitens wird argumentiert: Es gibt heute viele neue soziale Bewegungen. Viele Jugendliche identifizieren sich mit diesen in der Jugendbewegung, ökologischen Bewegung, Hausbesetzerbewegung, Frauenbewegung, christlichen Bewegung. Die Friedensbewegung wird als eine wichtige neue soziale Bewegung bezeichnet, die sich von der alten Arbeiterbewegung angeblich darin unterscheidet, daß sie erstens nicht von der engen Perspektive der Klassenfrage ausgeht und daß sie zweitens in diesen Bewegungen sozusagen schon eine neue Lebensperspektive, die auch nicht an die klassische sozialistische Perspektive gebunden ist, praktiziert, diskutiert und weiterentwickelt. Ich glaube, das ist ein wichtiger Punkt, zu dem Du Stellung nehmen solltest. Wie siehst Du diese Diskussion, die ja auch die Differenzierung innerhalb der Friedensbewegung sehr stark bestimmt? Ist es richtig, daß die neue Friedensbewegung und die neuen sozialen Bewegungen die Arbeiterbewegung historisch überholt haben?

W. A.: Natürlich ist die Friedensbewegung und die Erhaltung des Friedens, also die Bewahrung vor dem atomaren Untergang, auch Gattungsfrage in dem Sinne, daß es um die Erhaltung der menschlichen Existenz überhaupt geht. Aber in Wirklichkeit steckt ja dies Problem der Erhaltung menschlicher Existenz in größerem historischen Zusammenhang von Anfang an in der Arbeiterbewegung. Zur Gattungsfrage gehört die Problematik der Reproduktion der Gattung, die vermittelt ist durch deren ökonomisch-soziale Existenz als deren Voraussetzung. Zu Beginn der Arbeiterbewegung ist man sich durchaus klar darüber, daß die Vertretung der Interessen der eigenen Klasse identisch ist mit der Sicherung der Fortexistenz der Menschheit. Aber diese für die Arbeiterbewegung von Anfang an selbstverständliche Position ist eben verbunden mit der Klassenfrage: mit dem Interesse welcher Klasse identifiziert sich der Fortschritt der Menschheit im Weitergang zu ihrer nächsten Existenzform? Die Interessen welcher Klassen widersprechen diesem Fortschritt und der Bewahrung der menschlichen Existenz? In Wirklichkeit stehen also beide Definitionen gar nicht als unaufhebbarer Widerspruch einander gegenüber, sondern beide Definitionen ergeben sich auseinander und sind dialektisch verbunden. Die Arbeiterbewegung geht dabei von vornherein von dem Gesichtspunkt aus, in ihrem Interesse verkörpere sich das Interesse des gesellschaftlichen Fortschritts entgegen dem Interesse anderer Klassen, die, weil sie an engen Vorteilen des Tages kleben und da sie am Profitinteresse für einzelne Wirtschaftsunternehmen festgenagelt sind – bzw. in enger Beziehung zur Kapitalistenklasse (sei es freiwillig, sei es von ihnen selbst unbegriffen und also unfreiwillig) stehen – dieser Fortentwicklung entgegenstehen müssen. Diese Problematik ist auch heute die gleiche geblieben, da hat sich nichts prinzipiell verschoben. Bei allen möglichen aktuellen Sonder- und Außenbewegungen steckt in allen diesen Fällen die Frage der gesamtgesellschaftlichen Organisation. Hausbesetzerbewegung zum Beispiel bedeutet: Versuch der Bekämpfung des Interesses bestimmter Schichten in der kapitalistischen Gesellschaft an der Ausbeutung im Wohnungssektor. Die – objektiv gesehen – Klassenorientierung ergibt sich sogar in bezug auf neue Lebensformen, die man entwickeln will und die zum großen Teil mit einem anderen Seitenproblem der kapitalistischen Fortentwicklung in Zusammenhang stehen: Wir wissen seit Marx und Engels, daß die gesellschaftlich notwendige Arbeitszeit durch die industrielle Fortentwicklung des Kapitalismus ständig zurückgeht und daß sich daraus immer wieder neue Widersprüche ergeben. Denn die Sonderinteressen der herrschenden Klassen bestehen hier darin, diese Verminderung der gesellschaftlich notwendigen Arbeitszeit nicht zu einer Umsetzung in wirklich aktuell freie Zeit für die abhängig Arbeitenden kommen zu lassen. Wir sehen dieses Problem ständig in jedem gewerkschaftlichen Kampf um Verkürzung der Arbeitszeit, sei es der Lebensarbeitszeit, sei es der wöchentlichen Arbeitszeit. Die Unternehmer wehren sich stets nur gegen Senkung der Arbeitszeit, und wo diese doch durchgesetzt werden kann, kam bisher in aller Regel gleichzeitig damit der zumeist erfolgreiche Versuch kapitalistischer Besetzung und Umfunktionierung der neu gewonnenen zusätzlichen Freizeit. Aber alle diese Rückführungen auf das Problem der gesellschaftlichen Gesamtorganisation sind in der Erinnerung von großen Teilen dieser Bewegung der jungen Generation nicht mehr vorhanden, weil sie ebenfalls nur im Augenblick leben, untheoretisch ausschließlich befaßt mit ihrer Suche nach neuen Lebensformen oder einfach konfrontiert z.B. mit der Verbreiterung der Freizeit oder dem Herausgesetztsein aus dem Arbeitsprozeß überhaupt.

In Wirklichkeit ist die künstliche Konfrontation von Gattungsfrage und Klassenfrage in ihrem Massenaspekt, wie sie sich aufgrund des Verlustes von Klassenbewußtsein in der westdeutschen Arbeiterklasse sehr massiv zeigt, unter anderem auch eine Verlängerung des Tatbestandes, daß in dieser westdeutschen Gesellschaft ein breites Kaderbewußtsein in der Arbeiterklasse, das alle diese Seiten umfaßt, verlorengegangen ist. Es existiert kein breites und fest verankertes politisch aktives Klassenbewußtsein mehr, das diese Bewegungen einbinden kann.

C. J.: Du hast vorhin darauf aufmerksam gemacht, daß in der Friedensbewegung, insbesondere in ihren jungen Teilen, die Einsicht in die Perspektivlosigkeit der gegenwärtigen gesellschaftlichen Entwicklung eine erhebliche, auch eine Mobilisierungsrolle spielt. Man kann vermuten, dieser Mobilisierungseffekt resultiere auch aus einer höchst kritischen Beurteilung der Tätigkeit der Organisationen der Arbeiterbewegung nach 1945 und ihrer Ergebnisse. In den Diskussionen in und mit der Friedensbewegung wird häufig folgende Position vorgetragen: Ihr habt es nach 1945, als es um die gesellschaftliche Neuordnung gegangen ist, basierend auf euren traditionellen Vorstellungen sozialistischer Umgestaltung nicht geschafft, Veränderungsprozesse wirklicher Art einzuleiten, und deshalb müssen wir nun in der Friedensbewegung davon Abschied nehmen, mit dieser sozialistischen Perspektive und traditionellen Vorstellungen der Arbeiterbewegung in der Friedensfrage zu arbeiten. Dem läuft parallel ein häufig festzustellender Tatbestand, daß innerhalb der Arbeiterbewegung selbst, auch in den Gewerkschaften, eine weite Resignation Platz gegriffen hat, die wiederum ein Stück Erklärung dafür ist, daß in der Friedensbewegung Organisationen und Mitglieder der Arbeiterbewegung und der Gewerkschaften bis jetzt relativ schwach beteiligt sind. Hältst Du diese Diskrepanz für überwindbar?

W. A.: Der Widerspruch, den Du hier darstellst, ist natürlich deutlich vorhanden. Daran läßt sich gar nichts bestreiten, und ich wundere mich zum Beispiel, daß André Gorz' Buch „Abschied vom Proletariat" bei den Theoretikern der Grünen so wenig zitiert und so wenig verwandt wird, denn das entspricht ja ihrer Mentalität. Nur kann man und muß man diesen Theoretikern (Bahro ist kein Theoretiker, der läuft jeder Stimmung nach und wechselt ständig die Stimmungen) immer wieder entgegenhalten: ja bitte, bietet ihr denn eine gesamtgesellschaftliche Perspektive, bietet ihr über die Antwort auf die Bedrohung hinaus, die ihr dann jeweils durch Negation gebt, ohne daß diese Negation ein Positivum enthält, irgendeine langfristige Perspektive, in die ihr eure jeweiligen Reaktionen einordnen könnt? Tatsächlich wird dieser Versuch meist gar nicht unternommen, weder in der Friedensbewegung noch in dem sich selbst als solchen abstrakt setzenden Teil der ökologischen Bewegung. Es bleibt häufig bei der Reaktion auf einen Punkt: hier atomare Mittelstreckenraketen, dort Reaktion auf irgendeine technische Neuerung, die ökologisch bedrohend ist, und dergleichen mehr. Diese Fragen werden untereinander dann nicht verbunden. Das ist die Schwäche, die in allen derartigen Bewegungen steckt. Das läuft oft so: Sind wir im Punkt x oder y geschlagen und müssen dann zurückweichen, dann sind wir eben weg vom Fenster, und dann kommt höchstens das nächste Problem, an dem sich wieder irgendetwas aufmöbeln kann. In einem solchen Fall gibt es gar keine bewußtseinsmäßige Vermittlung vom Problem x zum Problem y.

C.J.: Du vermißt die Einordnung aktueller Mobilisierungen in einen gesellschaftlichen Zusammenhang. Er könnte leichter hergestellt werden, wenn ein Bewußtsein von der Kausalität zwischen ökonomischen und politischen Tatsachen, verbunden mit historischen Kenntnissen, in der Friedensbewegung fundierter und breiter verankert wäre. Nun haben wir diesen Verlust ja nicht nur in der Friedens- und Alternativ-, sondern auch in der Arbeiterbewegung. Aus vielen Berichten und Protokollen wissen wir, daß es auf jeder gewerkschaftlichen Gründungsversammlung nach 1945 eine Selbstverständlichkeit gewesen ist, den Zusammenhang zwischen Kapitalismus, Faschismus und Krieg zu kennen und hieraus konkrete Anforderungen an die nun durchzusetzende Neuordnung abzuleiten: z.B. Planwirtschaft und Produktion ausschließlich für den gesellschaftlichen, friedlichen Bedarf, wie es die hessischen Gründungsdelegierten 1946 nannten. Heute spielt diese Position in den gewerkschaftlichen Diskussionen längst keine selbstverständliche Rolle mehr. Es stellt sich wohl – nicht nur in der Arbeiterbewegung, sondern auch in der Friedensbewegung als vordringliche Aufgabe, dieses Bewußtsein eines Zusammenhangs zwischen ökonomischen Grundfragen und der Friedensfrage zu wecken und zu stärken und von da aus die Perspektive einer dauerhaften Friedensordnung sowie für deren Voraussetzungen zu entwerfen.

W.A.: Das ist unbedingt notwendig. Allerdings muß das so geschehen, daß die Bewegung nicht gespalten und nicht in einen Kampf aller gegen alle verwandelt wird. Und trotz des historisch-ökonomischen Nachholbedarfs in weiten Teilen der Gewerkschaftsbewegung, den Du eben benannt hast und der dort ebenfalls aufgearbeitet werden muß, wird eine Stabilisierung der Friedensbewegung durch Einsicht in historische und gesellschaftliche Zusammenhänge nur gelingen können, wenn die aktiven Organisationen der Arbeiterklasse hier einbezogen werden. Das setzt deren teilweise Haltungsänderung voraus. Daß diese möglich ist, haben wir vorhin ja am Beispiel der Bewegung gegen die Wiederbewaffnung in der ersten Hälfte der fünfziger Jahre gesehen: eine Gewerkschaftsführung, welche die Remilitarisierung zunächst aktiv billigt, wird abgewählt, und ihre Nachfolger agieren dann für einige Zeit auf der anderen Seite der Barrikade. Da haben wir eine Nachwirkung der Einsichten in den Zusammenhang von Kapitalismus, Faschismus, Krieg, die nach 1945 – wie Du es ja erwähnt hast – in den gewerkschaftlichen Diskussionen zunächst noch voll präsent waren. Allerdings müssen wir sehen, daß zwischen der damaligen Situation und den heutigen Aufgaben ein neues Generationserlebnis der Arbeiterklasse liegt: die Erfahrung des Aufschwungs des westdeutschen Kapitalismus nach der Stabilisierung und dem Koreakrieg und der Beschränkung der Gewerkschaftsarbeit weithin auf die – in diesen Grenzen sogar sehr erfolgreiche – Vertretung von Tagesinteressen. Diese unmittelbare Vergangenheit ist für den aktuellen Bewußtseinsstand breiter Volksmassen immer noch prägend. Eine solche Illusion vom Frieden und Wohlstand gewährenden Kapitalismus hat allerdings in der Realität immer weniger Rückhalt, und sie muß überwunden werden, weil sonst **erstens** die Gewerkschaften in einer gewandelten gesellschaftlichen Lage noch nicht einmal ihre Tagesaufgaben erfolgreich – und sei es nur in der Verteidigung des Lebensstandards – lösen können, weil **zweitens** ein unentbehrliches Bindeglied zwischen Arbeiterbewegung und Friedensbewegung fehlen würde und weil **drittens** – daraus folgend – dann die Friedensbewegung nicht zu der noch größeren Wirkung, als sie gegenwärtig besitzt, kommen kann, die so dringend nötig ist, wenn wir dem dritten Weltkrieg und dadurch dem Selbstmord der zivilisierten Menschheit entgehen wollen.

G. M.: Gerade in der jüngeren Generation wird immer wieder gesagt, daß die traditionelle Arbeiterbewegung sich um die Verwirklichung gesellschaftlicher Alternativen und neuer Lebensformen zu wenig gekümmert habe. Dazu vier Beispiele. Erstens: die patriarchalischen Verhältnisse dominierten auch in den Gewerkschaften und in den Parteien der Arbeiterbewegung. Zweitens: auch die Wohnungen der Neuen Heimat stellten in der Geschichte des menschlichen Wohnens keinen prinzipiellen Fortschritt dar; und auch sozialdemokratisch regierte Städte seien kaum wohnlicher als andere. Drittens: wie ein Blick vor die Tore Frankfurts auf das Gelände der geplanten Startbahn West zeigt, werden tiefgreifende und zudem ökonomisch unsinnige Umweltzerstörungen auch von sozialdemokratischen Politikern vorgenommen, die hierbei leider noch von einigen gewerkschaftlichen Gliederungen unterstützt werden. Viertens: die Militarisierung der Gesellschaft sei auch von den Organisationen der Arbeiterbewegung – hier von der SPD – nicht verhindert worden. So mußten sich in allen vier genannten Fragen Alternativbewegungen, teilweise im Gegensatz zur Arbeiterbewegung und ihren traditionellen Organisationen – Parteien, Gewerkschaften, Genossenschaften –, entwickeln: die feministische Bewegung, die Bewegung für alternative Wohn- und Lebensformen, die ökologische Bewegung und schließlich auch die Friedensbewegung. Ich glaube, daß in einer solchen Situation die Arbeiterbewegung, auch wenn sie sich auf bestimmte historisch-gesellschaftliche Einsichten zurückbesänne, unter Hinweis auf allgemeinere gesellschaftliche Zusammenhänge nicht einfach als Lehrer dieser neuen Bewegungen auftreten kann.

W. A.: Diese Beobachtungen der jungen Generation, die die Friedensbewegung weitgehend trägt, sind insgesamt dann schlicht richtig, wenn man das Spitzenverhalten der Arbeiterorganisationen alleinsetzt und dabei die inneren Diskussionen der Arbeiterbewegung ausklammert, in denen sich ständig, mal stärker, mal schwächer, zuletzt zweifellos sehr schwach, Widerspruchsinteressen gegenüber derartigem Organisations- und Anpassungsverhalten an die bestehende Gesellschaft formuliert haben. Arbeiterorganisationen sind Organisationen in einer bestimmten Gesellschaft. Je schwächer sie sind, desto größer ist die Gefahr, daß sie gesellschaftlich dominante Entwicklungen und Bewußtseinsformen übernehmen und mitvollziehen. Das Bewußtsein der herrschenden Klassen bestimmt aber zunächst das in der Gesellschaft herrschende Bewußtsein; das der unterdrückten Klassen muß sich stets in langsamen Kämpfen davon lösen und diesem herrschenden Bewußtsein entgegenstellen. Und diese Veränderung stellt sich für jede Generation als neue Frage, erst recht, wenn, wie in der BRD, die Einsicht in die (real gleichwohl existente) historische Kontinuität weithin verdrängt worden ist.

So wird der Kampf zwischen dem Alten und dem Neuen, auch im soziokulturellen Bereich, eben nicht nur zwischen den Klassen oder zwischen Arbeiterbewegung einerseits, Kapitalistenklasse und deren Anhängseln andererseits geführt, sondern die Linien gehen durch die Arbeiterbewegung und ihre Organisationswelt selbst hindurch, werden sichtbar in deren inneren Diskussionen und Auseinandersetzungen. Soweit die Arbeiterbewegung auf dem Boden der kapitalistischen Gesellschaft kämpfen muß und diese zugleich überwinden will, kann sie nicht das machen, was einzelnen Individuen möglich ist: in bestimmten Bereichen einfach „aussteigen". Da geht es ja um den Bewußtseinszustand und das praktische Alltagsverhalten einer ganzen Klasse, letztlich des ganzen Volkes, und also liegt die Alternative für sie im historischen Prozeß, in dem letztlich das eigene Selbstbewußtsein und dadurch die eigene Hegemonie in allen Lebensäußerungen gewonnen werden muß, in dem jede Niederlage der Arbeiterbewegung aber auch das soziokulturelle Eindringen der anderen Seite in den eigenen Bewußtseinsbereich ermöglicht. Dieses Überdauern vorher durch die damals herrschenden Klassen aufgezwungener Verhaltensweisen setzt sich meist auch selbst nach einem politischen Sieg in einer Revolution und dem Beginn des Aufbaus einer neuen sozialökonomischen Struktur nachrevolutionär ein lange Zeit fort, insbesondere unter den Notwendigkeiten der politischen, ökonomischen, militärischen und ideologischen Systemauseinandersetzung zwischen real in der Welt koexistierenden Gesellschaftsstrukturen, aus welcher die sozialistischen Länder zum Beispiel sich auch nicht einfach zu ganz anderen Ufern abmelden können. Übrigens ist auch diese Problematik historisch gesehen nicht neu: Es hat sie nach dem Sieg der bürgerlichen Revolution in Frankreich, nach 1789 also, in ähnlicher Weise gegeben. Ein Fehler großer Teile der Friedensbewegung – es gibt durchaus Kerne, die da anders reagieren – besteht darin, daß sie dieses Moment der Kontinuität nicht beachten, sondern sich an einigen äußeren Tatbeständen allein orientieren. Die westdeutsche Gesellschaft ist diejenige in Westeuropa, die die Analyse historischer Kontinuitäten am meisten aus ihrem Bewußtsein verdrängt hat. Das ist aus ihrer Geschichte heraus sehr gut zu begreifen. Dahinter steht die tiefenpsychologisch höchst verständliche Verdrängung gegenüber dem eigenen Verhalten im „Dritten Reich", die von den Eliten dieser Gesellschaft ausgeht und den anderen Klassen ebenfalls aufgeprägt wurde. So wurde ein Enthistorisierungsprozeß in Gang gesetzt, der der jetzigen Rebellion der Friedensbewegung den Zugang zum historischen und aktuellen Friedensauftrag der Arbeiterbewegung zunächst noch weitgehend verstellt.

G. F.: Vielleicht ist aber das Auseinanderdriften von Arbeiterbewegung und den anderen Teilen der Friedensbewegung weniger darauf zurückzuführen, daß die jungen Teilnehmer an der Friedensbewegung die Arbeiterbewegung zu wenig verstehen, als darauf, daß diese Arbeiterbewegung sich selbst zu wenig begreift. Das gilt nicht nur in Grundsatzfragen, die vorhin angesprochen wurden – Verhältnis von Kapitalismus und Krieg –, sondern auch auf operativem Gebiet. Wenn wir Beschlüsse von Gewerkschaftstagen und die gewerkschaftliche Programmatik der letzten Jahre ansehen, dann finden wir dort doch Forderungen, die, wenn sie deutlicher nach außen vorgetragen und effektiver und offensiver vertreten würden, wahrscheinlich die Arbeiterbewegung – gerade die Gewerkschaften – von den neuen sozialen Bewegungen nicht trennen, sondern gemeinsame Interessen deutlicher machen würden. Als Beispiel nenne ich: kapitalistische Rationalisierung durch den Einsatz neuer Technologien einerseits, andererseits die Forderung der Gewerkschaften nach der 35-Stunden-Woche und nach Humanisierung der Arbeit. Hier wird sehr praktisch die Frage formuliert, in wessen Interesse denn der wissenschaftlich-technische Fortschritt stattfindet. Da haben wir Forderungen, die letztlich in wichtige Alternativen hineinführen. Sind sie programmatisch teilweise auch nicht neu, so brächte doch ihre Realisierung eine neue Qualität. Könnte die Entfremdung zwischen den ganz jungen Teilen der Friedensbewegung und der Arbeiterbewegung nicht unter Umständen darauf zurückzuführen sein, daß diese vorwärtsweisenden Alternativen, die die Gewerkschaften ja formuliert und in der zweiten Hälfte der siebziger Jahre immerhin partiell auch in Aktionen vertreten haben (Druckerstreik 1978, Stahlarbeiterstreik 1978/79), meist immer nur von Teilen der Gewerkschaftsbewegung getragen wurden und in den letzten Jahren insgesamt weniger nach außen sichtbar geworden sind?

W. A.: Das ist richtig und wiederholt eine durchgehende Konstellation in der Geschichte der Arbeiterbewegung. Immer wieder wurden in die Zukunft weisende Programme formuliert, und immer wieder entsteht das Problem, daß deren Bewußthaltung im Tagesgeschäft untergeht. Dieser Gefahr sind besonders die Gewerkschaften ausgesetzt gewesen, und das gilt auch jetzt. Die Verbindung von Tages- und langfristigem Interesse war in der Tradition der deutschen Arbeiterbewegung Aufgabe der politischen Arbeiterparteien gewesen. Sie wird aus historischen Gründen, die wir in anderem Zusammenhang analysieren müssen, nicht mehr wahrgenommen – nicht mehr von der SPD, aber auch nicht mehr von den Kommunisten. Diese sind nämlich inzwischen aus dem Gesamtfeld der Beobachtung ganz einfach verschwunden und gelten für die Massen gewerkschaftlich organisierter Arbeiter, Angestellter und Beamten, aber auch die der Friedensbewegung als Rand-Sektierergruppe, die man zwar dulden kann, aber nicht ernstzunehmen braucht und die man im übrigen, aufgrund der antikommunistischen Ideologie der Gesamtgesellschaft, auch da innerlich abzulehnen hat, wo man sie duldet. Sie haben gewiß häufig durch eigenes Fehlverhalten zu dieser gegenwärtigen Situation beigetragen. Es wird noch lange dauern, bis sie die Funktion einer wirklichen Massenpartei zurückgewinnen können. Weil es also eine Vermittlung von Tagesinteressen und langfristigen Zielen durch eine politische Partei nicht mehr in wirksamer Weise gibt, werden von der gewerkschaftlichen Arbeiterbewegung häufig nur die Elemente sichtbar, die gesamtgesellschaftlichen Alternativen nicht entsprechen, und das stößt unvermeidlich die neuen sozialen Bewegungen zunächst ab.

Immerhin hat es in früheren Phasen der Bundesrepublik doch noch Berührungen und Querverbindungen am Rande gegeben. Zum Beispiel 1968: Da haben die Gewerkschaftsspitzen zwar den Sternmarsch der Anti-Notstands-Opposition nach Bonn abgelehnt und eine Parallelkundgebung in Dortmund arrangiert, um ihre Funktionäre von Bonn fernzuhalten. Die Apparatleitungen wollten nämlich objektiv die Politik der SPD unterstützen, ihre Haltung lief also faktisch auf Duldung einer Verabschiedung der Notstandsverfassung hinaus, obwohl sie verbal dagegen argumentierten. Deshalb haben sie dieses Ablenkungsmanöver gemacht. Aber siehe da: Es kommen noch zahlreiche Funktionäre von der Dortmunder Veranstaltung zur Bonner Kundgebung angefahren und werden begeistert begrüßt. Damals war die Verbindung zwischen den beiden Bewegungen noch unmittelbarer möglich als dann in der Periode der sozialliberalen Koalition. Denn spätestens seit deren Umschalten auf den Schmidt-Genscher-Kurs 1974 stehen Regierungserhaltungs-Interessen in den Gewerkschaften der Identifikation mit ihren ureigensten Interessen, insbesondere mit ihren langfristigen Zielen, massiv im Weg. Immerhin klappt dieses Abschotten gegenüber der außerparlamentarischen Bewegung nicht völlig. Der aktuelle Stand des Verhältnisses von Friedensbewegung und Arbeiterbewegung ist ein Beispiel dafür.

Da hat die Gewerkschaftsjugend immer wieder die Beteiligung an Friedensaktionen gefordert und sie auch praktisch mitgemacht – aber die Apparate haben disziplinierend eingegriffen, blockiert und mehrmals tatsächlich erreicht, daß das sich an der Basis vollziehende Zusammenfließen von Gewerkschaftsjugend und Friedensbewegung keinen offiziell-organisatorischen Ausdruck auf höherer Ebene erreichen konnte. Diesen Kampf in den eigenen Reihen konnten die regierungsfrommen Spitzen aber nur dann mit Aussicht auf Erfolg führen, wenn sie sich flexibel zeigten und taktierten. So entstand im Spätsommer 1981 der DGB-Aufruf „Frieden durch Abrüstung". Er sollte den Krefelder Appell unterlaufen, ist weit weniger klar als dieser, mußte aber doch der Tendenz der Friedensbewegung folgen. Da haben wir ein Beispiel dafür, wie die reale Bewegung trotz aller Abfangversuche durch die Apparate doch zur Vereinigung beider Strömungen drängt, weil es eben auch starke Kräfte in den Gewerkschaften gibt, die das wollen. Leider wird das von großen Teilen der Friedensbewegung, die nur das Apparatverhalten wahrnehmen, die höchstens die gegenwärtige Mentalität eines großen Teils der Betriebsarbeiter, aber nicht das Grundproblem der Interessenlage analysiert haben, nicht erkannt und nicht in ihre eigenen Überlegungen einbezogen.

K. F.: Du hast das mangelnde Kontinuitäts- und Geschichtsbewußtsein innerhalb der Friedensbewegung und auch innerhalb der Arbeiterorganisationen beklagt. Was die heutige Friedensbewegung angeht, macht aber doch die relative Diffusität, das Fehlen von Abgrenzungsschärfe der einzelnen Gruppen überhaupt erst ein gemeinsames Arbeiten möglich.

W. A.: Das ist richtig. Jede große Massenbewegung kennt, braucht auch, um sich entwickeln zu können, zunächst an ihrem Anfang eine gewisse Diffusität ihrer

Vorstellungswelt. In einer Gesellschaft, die, wie die bundesrepublikanische, weitgehend durchorganisiert ist, deren kritisches Denken jedoch nahezu total eingeschläfert war, kann eine breite Opposition erst einmal nur die Form einer spontanen Massenbewegung annehmen. Eine solche spontane Massenbewegung, die sich an ein Problem anklammert, das gerade aktuell ist, kann – eben weil sie spontan und nicht wesentlich organisationsgetragen ist – kein einheitliches und entwickeltes Bewußtsein haben. Aber sie kann dann eben auch keine Resultate erstreiten, wenn sie nicht – erstens – Kerne enthält, die ein solches einheitliches Bewußtsein haben, und wenn sie nicht – zweitens –im Laufe ihrer Entwicklung sich strategische Vorstellungen anzueignen beginnt.

Ich möchte das wieder an einem historischen Beispiel verdeutlichen. Als nach der Niederlage des „Deutschen Reiches" im Ersten Weltkrieg die Massen in Bewegung geraten und die Absicht zeigen, zunächst das Regierungssystem der Monarchie zu stürzen und darüber hinaus sozialistische Produktionsformen zu erstreben, wenden sich anfänglich alle großen Organisationen gegen diese Bewegung. Noch am Morgen des 9. November veröffentlicht das „Correspondenzblatt" der Generalkommission der Freien Gewerkschaften Deutschlands, des späteren ADGB, einen Aufruf an die Massen, um Gottes Willen jetzt nicht die Monarchie in Frage zu stellen und auch keine Massenreaktionen zu zeigen. Die Revolution kommt trotzdem. Die Massen, die in Berlin marschieren, haben nur in einzelnen Kernen – die allerdings breiter sind, als wir sie heute zur Verfügung haben – klare Vorstellungen, nicht aber in ihrer Mehrheit. Zum großen Teil sind sie sogar Mitglieder der Mehrheitssozialdemokratischen Partei, deren Spitze gegen diese Bewegung war und die bereits an der Regierung partizipierte; denn das Kabinett des Prinzen Max von Baden war ja faktisch eine Koalitionsregierung einschließlich der MSP. Diese Massen stürzen eine Regierung, der ihre eigenen, ansonsten noch von ihnen anerkannten Führer angehören; sie bringen die Monarchie zu Fall, und die Gesamtbewegung rationalisiert sich erst im Lauf der revolutionären Nachkriegskrise; dies allerdings nur teilweise und um den Preis des aufspaltenden Hineinfließens ihrer Bestandteile in getrennte parteipolitische Bahnen. Das geschieht in dem Moment, da der eine zentrale Zweck: Sturz der Monarchie, immerhin schon erreicht ist, in weitergehenden Zielen aber keine Vereinheitlichung des Verhaltens und der Strategie geschaffen werden kann, obwohl diese Massen für ihre Vorstellungen noch immer das Ziel einer Vergesellschaftung der großen Produktionsmittel haben.

K. F.: Solche historischen Vergleiche haben allerdings etwas sehr Verführerisches und damit Gefährliches: daß nämlich leicht vergessen wird, welche grundlegenden Unterschiede zwischen dem geschichtlichen Beispiel und der Gegenwart vorhanden sein können. Auf den von Dir hier erwähnten Fall bezogen muß man ja sagen, daß am Ende des Ersten Weltkriegs eine ganz andere Dimension von Klassenbewußtsein vorhanden war als heute.

Trotz dieser Differenz scheint freilich eine wichtige Parallele zu bestehen: Auch diese Bewegung könnte aufgrund des Mangels an Konsistenz der Analyse und der Perspektive wieder einschlafen oder auseinanderfliegen – in dem Moment, wenn der konkrete Zweck, der sie einmal zusammengeführt hat, nämlich die Verhinderung der sogenannten Nachrüstung, durch den einen oder anderen Fall außer Sicht gerät.

W. A.: Diese Gefahr besteht ohne Zweifel, und sie ist größer als in der damaligen Situation. Mein Beispiel sollte zeigen, daß – damals wie heute – eine nur spontane Massenreaktion auch dann, **ja gelegentlich nur deshalb** erfolgen kann, weil totale Übereinstimmung in allen Zielstellungen nicht vorhanden ist. Stattdessen haben wir Gemeinsamkeit in einem einzigen Punkt und nicht mehr. Da ergibt sich gewiß die Gefahr des Auseinanderfliegens, wenn dieses Ziel erreicht oder auch zunächst einmal für längere Zeit verfehlt worden ist. Bei unserem gegenwärtigen Problem, dem sogenannten Nachrüstungsbeschluß, haben wir ja zunächst nur Übereinstimmung in einer einzigen Forderung: daß die Bundesregierung ihre Zustimmung zur Stationierung von Pershing II-Raketen und von Cruise Missiles zurückziehen muß. Gleichwohl gibt es ein Moment, das dem völligen Zerfließen der Bewegung selbst dann im Wege stehen würde, wenn die Stationierung doch durchgesetzt würde: das ist die Tatsache, daß die Gefahr dann auch unmittelbar und für jeden erkennbar aufs Äußerste gesteigert wäre. Und wenn es gelänge, diese sogenannte Nachrüstung zu verhindern, dann würde das ja auch nicht ein für alle Mal die Kriegsperspektive und das atomare Wettrüsten beseitigen. Eine ähnliche Zuspitzung der Vernichtungsdrohung, wie wir sie jetzt haben, könnte und würde sich an allen möglichen weiteren Punkten wiederholen. In beiden Fällen – ob Stationierung oder nicht – bleibt die soziale Grundlage des Gesamtproblems erhalten. In dieser Richtung müßte die Friedensbewegung im Prozeß ihrer Entwicklung lernen. Manchmal trainiere ich meine Phantasie an der Überlegung, wie man den Krefelder Appell hätte so formulieren können, daß er zwar eine Ein-Punkt-Forderung bleibt, den Übergang zu weiteren Überlegungen jedoch erleichtert. Das ging aber ganz offensichtlich nicht. Diese Formulierung auf den einen Punkt, in dem man einig sein kann, war und bleibt die notwendige Bedingung der gegenwärtigen Phase der Friedensbewegung. Wegen der Diffusität des Bewußtseins ist die Vorbereitung einer nächsten Phase diesmal schwieriger, als dies in anderen Situationen der Fall war. Aber eine solche nächste Stufe ist durchaus möglich, und zwar deshalb, weil eine derartig breite, wenn auch in ihren Zielvorstellungen häufig unklare und auseinandertreibende Zusammenfassung unterschiedlichster Kräfte einmal möglich war und machtvoll die Weiterentfaltung von Selbstbewußtsein vermittelt.

G.F.: Ich halte die Frage, wie es möglich sei, daß die gegenwärtige Bewegung in ihrer jetzigen Breite zusammenbleibt, für nicht sehr wichtig. Es wäre meiner Meinung nach ein historisches Novum, daß eine Ein-Punkt-Bewegung überhaupt auf lange Sicht in der Form und in dem Spektrum, das sie in einem bestimmten Durchgangsmoment angenommen hat, konserviert wird. Das gibt's nicht. Aber auch das Gegenteil ist nicht denkbar: daß nämlich etwa eine Bewegung, die sich an einem realen und fortdauernden Problem entzündet, einfach wieder aus der Geschichte verschwindet.

Nehmen wir zur Überprüfung dieser Behauptung doch noch einmal die Geschichte der Friedensbewegung in der Bundesrepublik insgesamt. Da hat es tatsächlich seit 1949 keine Periode ohne Friedensbewegung gegeben. Diese Bewegungen waren mal breiter, mal enger, aber sie waren immer da, weil das Problem der Friedensgefährdung immer bestand. Am wenigsten sichtbar waren sie wohl in den ersten sechs Jahren der sozialliberalen Koalition, zwischen deren Beginn und der Unterzeichnung der Schlußakte der Konferenz für Sicherheit, Zusammenarbeit und Entspannung in Europa 1975. Die Friedensbewegung war damals nur deshalb relativ undeutlich als eigenständige Kraft nach außen bemerkbar, weil die Regierungspolitik auch Teile ihrer Ziele in sich aufgenommen hatte. Kaum aber koppeln sich Schmidt und Genscher von dieser relativen Gemeinsamkeit ab, da tritt wieder eine Friedensbewegung hervor, die in der gegenwärtigen Diskussion meist ein bißchen vergessen und verdrängt wird. Das sind die Aktionen der Jahre – sagen wir einmal: 1976 bis 1979, die immerhin Zehntausende (und das war damals das meiste, was überhaupt mobilisierbar war, anders als heute) auf die Beine brachte und auch starke innere Auseinandersetzungen in der sozialdemokratischen Bewegung ausgelöst hat. Ich erinnere an den Fall Benneter. Ohne diese Friedensbewegung der damaligen Zeit hätte es die Auseinandersetzung in der SPD nicht gegeben, und dieser Konflikt hatte ja seine zwei Seiten: einerseits Disziplinierung, andererseits neue Sensibilisierung für das Friedensthema, die dazu führte, daß die Jungsozialisten trotz Stillhaltens in anderen Fragen recht schnell Anschluß an die neue Friedensbewegung der achtziger Jahre gefunden haben. Nachdem wir gesehen haben, daß es in der Bundesrepublik immer eine Friedensbewegung gab, nehme ich an, daß wir nach einer Stationierung oder Nichtstationierung der neuen Raketen 1983 eben eine ganz neue Friedensbewegung haben werden. Im Fall des Vollzugs dieses sogenannten „Nachrüstungsbeschlusses" könnte es sein, daß diese Bewegung noch breiter ist als die jetzige, denn die Gefahr wird dann ganz aktuell sein. Erst dann – nicht schon jetzt – könnte es sein, daß „Antiamerikanismus" in den Vordergrund tritt. Es wird dann allerdings auch die Aufgabe sein, Resignation und Verdrängung zu bekämpfen. Auch ist nicht auszuschließen, daß die Friedensbewegung in ihrer neuen Phase nach 1983 schmaler und zu einer neuen Qualität transformiert sein wird. Das werden wir sehen. Die Frage: werden wir nach einem eventuellen Sieg oder einer eventuellen Niederlage in der jetzigen Weise weiterbestehen, hat sich in den sechziger Jahren die Bewegung gegen die Notstandsgesetze kaum gestellt. Sie ist nach dem Mai 1968, als die Verfassungsänderung beschlossen war, ja auch keineswegs auseinandergeflogen, sondern hat sich in vielen anderen Bewegungen fortgesetzt und einen Teil der Politik der sozialliberalen Koalition mitgetragen.

W. A.: Zusätzlich möchte ich sagen: Die Außerparlamentarische Opposition der sechziger Jahre hat den Übergang zur sozialliberalen Koalition und damit zunächst einmal zu einer insgesamt durchaus progressiven Umstellung der westdeutschen Außenpolitik erst ermöglicht. Ohne diese Opposition wäre es kaum zu einer solchen Schwenkung gekommen. Ähnlich könnte es auch jetzt sein, selbst wenn die CDU/CSU zur Macht getragen wird und – sei es vor den Bundestagswahlen 1984 oder auf deren Basis – die Bundesregierung übernimmt. Die Einwirkungsmöglichkeiten der Friedensbewegung auf die offiziellen Oppositionsorganisationen werden dann sogar größer werden – und damit die Chance langfristigen Einflusses auf die gesamte Politik der Bundesrepublik. Wie stark durch den Druck einer wachsenden Opposition auch die Regierungspolitik einen Teil ihrer Forderungen konzedieren und realisieren muß, zeigen viele Sozialgesetze der Weimarer Republik, die nach dem Volksbegehren zur Fürstenenteignung, aber noch in der Periode der Bürgerblockregierungen vor der Reichstagswahl 1928 zustande gekommen sind.

K. F.: Die Friedensbewegung könnte aber auch geradezu nützlich für die bestehenden Verhältnisse und deren Erhaltung werden. Sie zeigt ja ein besonderes Defizit an Systemloyalität und an ideologischer Vermittlung der betriebenen Politik an, und dies könnte dazu herausfordern, den Apparat der Massenbeeinflussung so zu verbessern, daß er Protestpotentiale früher erkennen und stillegen kann. Andererseits könnte sich die Friedensbewegung vielleicht sogar zur Fundamentalopposition entwickeln und Mobilisierungskern für eine in eine andere gesellschaftspolitische Perspektive weisende Bewegung werden. Wie beurteilst Du diese Möglichkeiten?

W. A.: Beide Möglichkeiten stecken in der gegenwärtigen Situation drin. Selbstverständlich führt eine derartig breite Opposition zu Manövern der politischen Spitzen und zum Versuch, effektivere Integrationsformen zu entwickeln. Aber das wird es immer geben. Doch ich gehe davon aus, daß bei Fortbestehen der gegenwärtigen Gefahren oder doch zumindest ihrer Ursachen es immer auch Friedensbewegung als Fundamentalopposition geben wird. Ihre Liquidierung durch Totalmanipulation der Gesellschaft, wie sie nur durch ein faschistisches System erfolgen kann, ist nicht in Sicht, denn die internationalen Voraussetzungen für einen solchen Übergang zum Faschismus in der BRD bestehen zur Zeit nicht. Ein Teil der Friedensbewegung ist insofern Fundamentalopposition – zuweilen ohne es selbst zu wissen – weil sie weithin in Wirklichkeit Opposition gegen das monopolkapitalistische System ist, sich dessen im Laufe der Auseinandersetzungen, in die sie gerät, immer mehr bewußt wird und von da aus auch stärker auf die klassischen Organisationen der Arbeiterbewegung einwirken wird, die ihrerseits – ob sie das selbst heute verstanden haben oder nicht – sich unter dem Druck von Krise und Stagnation von ihrer Umwandlung in sozialpartnerschaftliche Dienstleistungsunternehmen lösen und zum Kampf um Klassenpositionen zurückfinden müssen. Das ist umso wahrscheinlicher, als wir noch lange Jahre in einer Stagnationsperiode der kapitalistischen Entwicklung stehen, zur Zeit darüber hinaus sogar in einer schweren Weltwirtschaftskrise. Hier werden fast der gesamten jüngeren Generation und den breiten Massen, auch und gerade den Arbeitnehmern, immer wieder die Klassengegensätze ins Bewußtsein gerufen, weil ihre Lebensverhältnisse drückender und unsicherer werden.

F. D.: Wie beurteilst Du die Rolle der Kirchen in der gegenwärtigen Diskussion über Krieg und Frieden? Ich möchte diese Frage in den folgenden Rahmen stellen: Wir haben über die Jugendlichen gesprochen, über Parteienverdrossenheit, Ablehnung des politischen Systems, der etablierten Parteien und auch der Organisationen der Arbeiterbewegung bei ihnen. Die Kirchen scheinen nun einem Bedürfnis von Teilen der jungen Generation entgegenzukommen, indem sie ihnen bestimmte emotionale Vorgaben und Werte anbieten: moralische Verurteilung von Unrecht, das Gefühl von Wärme in einer gewissen inneren Kultur und Kommunikation, bis hin zu kirchlichen Einrichtungen, die scheinbar Freiräume – auch in der Diskussion der Friedensfrage – außerhalb gesellschaftlicher Zwänge darstellen.

W. A.: Die Rolle der Kirchen in der Bundesrepublik ist von vornherein widerspruchsvoll. Das beginnt sofort 1945, also noch vor der Konstituierung dieses Staates. Damals erhalten die protestantischen Kirchen zunächst für ganz breite ehemalige Mittelschichten Massenbedeutung, und sie spielen dadurch eine wichtige restaurationsabsichernde Rolle. Aber daneben gibt es gleichzeitig in diesen, gleichsam im Masseneinfluß remobilisierten, Kirchen auch Widerstandserfahrungen aus dem „Dritten Reich" bei den Protestanten aus der Bekennenden Kirche. Das drückt sich im Stuttgarter Schuldbekenntnis aus, und ein Teil derer, die sich Hitler widersetzt haben, trägt dann die doch recht starke – wenngleich innerhalb der Kirche sich in einer Minderheit befindliche – protestantische Opposition gegen die Wiederbewaffnung. So stellt sich die Kirche jetzt weit weniger einheitlich dar als in der Weimarer Republik. Allerdings konnten diese Widersprüche innerkirchlich sehr bald organisatorisch zugunsten der Restauration zurückgedrängt werden. Der Einfluß derjenigen Teile der ehemaligen Bekennenden Kirche, die zu Beginn der Bundesrepublik zur Friedensbewegung gehörten, nimmt deshalb stark ab. Diese Opposition wächst wieder erheblich seit dem Anprall der studentischen Opposition, und sie hat bis heute weiter stark zugenommen. Bereits der relativ breiten Opposition gegen den Wiederbewaffnungskurs mußten die evangelischen Kirchenleitungen durch Freigabe von Diskussionsräumen Rechnung tragen, obwohl diese Spitzen meist selbst auf der anderen Seite der Barrikade standen und sich als Massenmanipulationsmittel sozusagen selbst mißbrauchen ließen. Die innerkirchliche Opposition, die also ihre eigene Tradition aus der Zeit vor 1945 hat, wird nun zu einem der Kristallisationspunkte nicht nur der Friedensbewegung, sondern auch anderer Oppositionsbewegungen. Ich erinnere an ihren Anteil an den Protesten gegen die Startbahn West in Hessen. Diese begrüßenswerte Rolle der innerkirchlichen Opposition wird vor allem in der jungen Generation sichtbar. Allerdings wird in diesen Gruppen die Klassenfrage heute oft noch weniger begriffen als bei einem Teil ihrer Vorgänger in der Weimarer Republik. Damals gibt es immerhin die Religiösen Sozialisten, die dieses Problem zu verstehen beginnen. Ähnliche Bewegungen, dazu breiten Ausmaßes, haben wir heute nicht. Aber man muß solche Fragen auch hier in Diskussionen zu entwickeln lernen und auf Namen wie Emil Fuchs und Erwin Eckert verweisen.

Eine innerkirchliche und oppositionelle Friedensbewegung haben wir in der katholischen Kirche zur Zeit nur in schwachem Ausmaß und noch begrenzt nur auf kirchliche Jugendorganisationen. Sie arbeiten an den gleichen Problemen wie die evangelischen Jugendlichen, und ihre Wirksamkeit kann in ähnlicher Weise beschrieben werden. Nur ist in der katholischen Kirche der Apparateinfluß viel größer als in der evangelischen. Aber auch hier kann der Verweis auf einige latein-amerikanische und auch auf einige nordamerikanische Bischöfe weiterhelfen.

Daß insgesamt ein erheblicher Teil der jungen Generation, die sich in der Krise jeder Hoffnung beraubt sieht, durch Übernahme religiöser Denkformen Rück-halt zu finden hofft, ist leicht zu verstehen. Umso wichtiger ist es, daß er sich in die Friedensbewegung weithin eingeordnet hat. Bei einigermaßen undogmatischem und sinnvollem Verhalten des Restes marxistischer Kader der alten Arbeiterbe-wegung, die noch existent sind, ist es durchaus möglich, diese christlichen jungen Menschen auch zum Verständnis für die Notwendigkeit eines dauerhaften Bünd-nisses zwischen der Friedensbewegung und der Arbeiterbewegung zu führen.

7. SPD und Friedensbewegung

K.F.: Wenn wir die Stellung der SPD zum Thema Frieden betrachten, dann fällt heute eines besonders auf: daß parteioffiziell ständig erklärt wird, für Sozialdemokraten bestehe im Grunde überhaupt kein Anlaß, außerhalb der SPD an der Friedensbewegung sich zu beteiligen, da die SPD ja aus ihrer Geschichte heraus die Partei des Friedens sei. Wir sollten diese These einmal beleuchten, da es für unseren Zusammenhang wichtig ist, gerade die mehrfach angesprochene Kontinuitätsfrage nicht aus den Augen zu verlieren.

W.A.: Ja, fangen wir mit dem ersten großen Versagen an, nämlich dem des August 1914. Das kann man schließlich nicht ausradieren; und dies Versagen hat sich in den Instanzen der SPD durchgehalten bis zum bitteren Ende und in dieser Zeit leider auch die Vorstände der Gewerkschaften gelähmt. Allerdings gab es – und das darf man zu Ehren dieser SPD nicht vergessen – sehr bald eine starke innerparteiliche Opposition gegen diesen Anpassungskurs, obwohl die Mehrheit der Führung in dieser Frage zu Beginn des Ersten Weltkrieges mit einem Umschwung auch des Massendenkens konform ging. Das letztere sollten wir nicht vergessen, sondern uns klarmachen, daß auch die proletarischen Massen entscheidende politische Fehler machen können.

In der Weimarer Periode nun war die Führung der Mehrheitssozialdemokratie, wenn man so will, im Anfang – also 1918 und 1919 – ja das Rückgrat nicht nur der Vermittlung mit der OHL, sondern auch mit der Freikorpsbewegung. Sie hat dieses Faktum aber nicht zufällig zunächst gegenüber der eigenen Mitgliedschaft verdunkelt. Denn hier zeigt sich das Phänomen, daß eine derartig gravierende Kursänderung, die ursprünglich durch Massenstimmungen mitbestimmt war, dann auch entgegen inzwischen wieder veränderten Massenstimmungen von den Apparaten beibehalten wurde. Die Sozialdemokratie hat dann ständig durch ihre Mehrheitsgruppen im Parteivorstand und in der Reichstagsfraktion die auch den Versailler Vertrag verletzende Wiederaufrüstung der Reichswehr mit abgedeckt.

Nur, um kein einseitiges Bild zu geben: Gleichzeitig hat sich immer wieder die innerparteiliche Opposition in Richtung auf Friedenspolitik, gegen diese Aufrüstungspolitik artikuliert. Man mag das Jonglieren der Gruppe um Paul Levi, der nach der Wiedervereinigung mit der USPD zum Exponenten der linken Opposition in der SPD wurde, beurteilen wie man will – und es gab gewiß auch Jonglierphasen, in denen er unzulässige Konzessionen gemacht hat. Aber diese Opposition war nun permanent vorhanden; und so kam die Sozialdemokratie dann in die merkwürdige Situation, daß sie ihren Wahlkampf von 1928 mit der friedensfreundlichen Parole „Kinderspeisung statt Panzerkreuzer" bestritt, während nach der Wahl die neue SPD-geführte Reichsregierung Hermann Müller den Panzerkreuzerbau einleitete und gegen viele Stimmen in der eigenen Partei auch durchsetzen konnte. Diese Widerspruchslage in der Sozialdemokratie bestimmte ihr Geschick in der Weimarer Republik entscheidend.

Das Gleiche reproduzierte sich, wenn man so will, nach 1945. Gefangen vom nicht nur antistalinistischen, sondern antikommunistischen Denken ihrer Führung, das nach einer kurzen Zwischenphase sehr rasch siegte, gefangen also von dieser Vorstellungswelt Schumachers – in der zwar, in welchen Verschränkungen auch immer, zuerst die der damaligen Massenstimmung durchaus adäquate Opposition gegen die Wiederbewaffnung, gegen die Eingliederung in die NATO eine große Rolle spielte –, rutschte sie am Ende in die gleiche Situation, in der sie in der Weimarer Zeit gewesen war. Und so wurde sie dann, obwohl sie dem Druck von außen ausgesetzt war, Mitträger des Umschwenkens auf Wiederbewaffnung und NATO-Integration. Die widerspruchsvolle Lage charakterisierte sich in dieser Zeit allerdings noch dadurch, daß immerhin bei der Grundgesetzänderung 1956 eine größere Zahl sozialdemokratischer Abgeordneter beim Nein verblieb und hier keine Parteidisziplin übte – und dadurch, daß die Parteiführung gar nicht in der Lage war, sie dafür zur Rechenschaft zu ziehen. Die SPD dieser Periode war also keine Friedensbewegung, wohl aber insgesamt eine friedenserhaltende Organisation, in der Gegner der Rüstungspolitik tätig sein konnten; und rüstungsbekämpfende Bewegungen konnten mit Aussicht auf Erfolg auf die Sozialdemokratie einwirken.

Im weiteren Verlauf verblieb die sozialdemokratische Führung im Grunde bei diesem Kurs der Anpassung an die herrschende Klasse in der Bundesrepublik, auch in der Friedensfrage, und das ist bis zum heutigen Tag das Problem geblieben. Es wäre falsch, die Sozialdemokratie deshalb außer Betracht zu lassen, aber sie als Friedensbewegung oder als politisch-organisatorisches Gerippe der Friedensbewegung anzusehen, das wäre erst recht falsch. Und insofern ist das Empfinden der jungen Generation dieser Sozialdemokratie gegenüber in solchen Fragen durchaus verständlich.

K. F.: Jedenfalls bleibt aber festzuhalten, daß im Unterschied zu den Kräften des deutschen Konservatismus und des deutschen Liberalismus die SPD nie als eine kriegstreibende Partei tätig geworden ist.

82

W. A.: Das ist völlig richtig! Sie ist – anders als etwa die Liberalen, nachdem sie in der Mehrheit zu Nationalliberalen wurden – immer Kampffeld progressiver Bestrebungen in der Friedensfrage geblieben und ist dies bis zum heutigen Tag. Aber sie ist nicht führende Kraft, die durch ihre bloße Existenz als Partei bereits Erfolge einer Friedensbewegung durchsetzen könnte.

K. F.: Trotzdem ist der Aspekt, daß es eine starke Friedenstradition in der SPD gibt, heute auch für das Selbstbewußtsein und für die Aktivität vieler, gerade auch jüngerer Sozialdemokraten eine sehr wichtige geschichtliche Grundlage.

W. A.: Ohne jeden Zweifel. Nur würden diese jüngeren Sozialdemokraten und die älteren, die noch aus der Widerstandsbewegung in der Sozialdemokratie kommen, oder jene, die sich an diese ältere Gruppe von Widerstandskämpfern angelehnt haben, nie auf die Idee verfallen, ihre Partei sei so, wie sie existiert, bereits die Garantie für die Kontinuität einer starken Friedensbewegung. Ihre Partei ist wichtiges Kampffeld; die Friedenskräfte können in ihr Erfolge erringen, indem sie auf die Partei drücken und deren Politik sozusagen umdirigieren. Aber sie ist nicht mehr als ein Kampffeld.

F. D.: Ist es historisch betrachtet richtig, zu sagen, daß das Umfallen der SPD, etwa 1914 in der Friedensfrage, zusammenhängt mit einem Wandel bei Teilen der Mitglieder und der Führungsgruppen der SPD in ihrer Einstellung zum Kapitalismus? Das würde heißen: Der Satz von August Bebel: „Diesem System keinen Mann und keinen Groschen" und die Resolutionen der Internationale zu Kriegsfragen waren gleicher Weise antimilitaristisch und antikapitalistisch, während der Wandel in der Frage Krieg-Frieden zugleich ein Wandel in der Annäherung an das kapitalistische System war?

W. A.: In der Führung der Sozialdemokratie ebenso wie in den Führungskadern der Gewerkschaftsbewegung war dies sicher der Fall. Da waren diese Probleme aufs engste verknüpft; und dies war auch bewußtseinsmäßig sowohl für die Führung wie für die jeweilige Opposition in der Partei wie in den freien Gewerkschaften deutlich.
Es wäre heute Aufgabe der Kräfte in der Sozialdemokratie, die in der Friedensfrage und aktuell in der Mittelstreckendebatte opponieren, sich diese Verknüpfung wieder stärker zu vergegenwärtigen. Ich denke etwa an Eppler, dessen Verdienste ich durchaus anerkenne, der auch beginnt, jetzt in sozialökonomischen Dingen kritische Fragen – wenn auch nur innerhalb des Systems – zu stellen. Man

müßte jedenfalls, wenn diese Bewegung Erfolge haben soll, diesen Zusammenhang stärker ins Bewußtsein rufen, als es heute meist geschieht.

C.J.: Es ist sicher keine mechanistische Verkürzung, wenn man sagt, daß in gleichem Maße, in dem eine konsequente Friedens- und Abrüstungspolitik – sowohl von der Konzeption wie von der Praxis her – an Substanz in der Sozialdemokratischen Partei verloren hat, auch die Grundfragen einer Veränderung der ökonomischen Machtverhältnisse aus dem Blickfeld verschwunden sind.

W.A.: Das ist zweifellos richtig, auch wenn es Überschneidungen – also Fälle, in denen dies nicht zusammenging – gegeben hat. So gehörte der Theoretiker des Reformismus vor 1914, Eduard Bernstein, dann in der Friedensfrage zur Opposition.

C.J.: Während also viele, die auf der Klassenorientierung bestanden in der SPD, am Ende des Krieges nicht mehr zur Mehrheitssozialdemokratie gehörten, sondern in USPD und Spartakusbund organisiert waren, hat sich in der Mehrheitssozialdemokratie eine Politik der Anpassung durchgesetzt. So erlag die Führung der SPD der herrschenden Ideologie des kapitalistischen Systems; und in dem gleichen Maße, in dem sie klassenkämpferischen Charakter und strategische Vorstellungen verlor, verlor sie ihre Zuverlässigkeit auch in der Friedensfrage.

G.F.: Wenn das aber so ist, daß eine prokapitalistische Entwicklung in der SPD eine Wandlung in der Friedensfrage nach sich gezogen hat, dann müßte das Umkippen in der Friedensfrage wohl nicht erst am 3. und 4. August 1914 gesucht werden, sondern vorher, so daß das Argument, die Massenstimmung sei ein Auslöser gewesen, so nicht gelten kann.

W.A.: Hier wurde ein Mechanismus inganggesetzt, der zwar noch nicht voll durchgespielt war, der aber seine Ansatzpunkte schon vorher gehabt hatte. Man denke nur an die Zustimmung zum Wehrbeitragsgesetz 1913 und an das Schwanken in der Kolonialfrage – wobei zwar bestimmte Spitzenkader an ihrer Auffassung zu allen diesen Fragen festhielten, die Sozialdemokratie als Partei jedoch zunehmend ins Rutschen geriet.

K.F.: Wenn wir die Gegenwart betrachten, so erscheint es mir weniger unwahrscheinlich, daß in der SPD eine Mehrheit gewonnen werden könnte für einen inhaltlich definierten Friedenskurs als für einen inhaltlich definierten sozialistischen Kurs in der Gesellschaftspolitik.

W. A.: Im Augenblick ist das richtig. Dies kann sich jedoch im Laufe des Vordringens der Weltwirtschaftskrise, der generellen Stagnationsphase des Kapitalismus, in der wir jetzt stecken, verschieben. Im Augenblick ist es leichter möglich, von der Friedensfrage und einer starken Opposition in der Friedensfrage aus auf einen Kurswechsel der SPD hinzuwirken. Auf der anderen Seite muß man den Gruppierungen, die hier opponieren, den Zusammenhang der Problemstellungen immer wieder vor Augen führen, auch damit sie sich selbst stabilisieren können.

K. F.: Was wären denn aus Deiner Sicht die Folgen, wenn in der SPD mehrheitlich eine Position, wie sie der Krefelder Appell bezieht, zum Durchbruch käme?

W. A.: Die Folge wäre, äußerlich-politisch gesehen, in der jetzigen Situation der Verlust der Regierungsmacht, der aber wahrscheinlich auf längere Sicht ohnedies – ich möchte hier ruhig sagen: leider – nicht mehr aufzuhalten ist. Denn der dubiose Kurs der Regierung Schmidt einerseits in der Friedensfrage, andererseits in allen ökonomischen Fragen hat sie in eine Zwangslage gebracht, in der gegenwärtig das nicht mehr denkbar wäre, was ich vorher – noch vor ein, zwei Jahren – als möglich angesehen hätte: daß man einen selbständigen reformistischen Kurs in der Regierung durchhält.
Übrigens hat dieser die realen Möglichkeiten nicht ausnutzende Kurs, der von der SPD-Führung und der Bundesregierung betrieben worden ist, ja bereits dazu geführt, daß auch an der administrativen Basis die Sozialdemokratie Position auf Position verloren hat, an kommunaler Macht, an landespolitischer Macht, und zur Zeit noch weiter verliert. Der Austritt des Nürnberger Oberbürgermeisters aus der SPD kurz nach seiner Wiederwahl dank der Hilfe der Partei ist repräsentativ für diese Situation. Aber eine Strategie, die vor Beginn der gegenwärtigen Weltwirtschaftskrise noch möglich gewesen wäre und die das hätte vermeiden können, kann heute nicht mehr zum Erhalt der Regierungsmacht beitragen. Allerdings bedeutet aktueller Verlust der Regierungsmacht nicht unbedingt weiteren Verlust potentieller gesellschaftlicher Macht und der Einwirkungsmöglichkeit – nun durch Druck von außen – auf den Regierungskurs. Er könnte auch das Gegenteil bedeuten: nämlich eine Erholungsphase.

K. F.: Nun wird von führenden Politikern der SPD oft gesagt, daß der Verlust der Regierungsmacht eigentlich das sei, was die SPD am allermeisten fürchten müsse, weil dann für viele Jahre – Herbert Wehner z.B. spricht von 15 bis 20 Jahren –

die Oppositionsrolle vorprogrammiert sei. Wie siehst Du das Verhältnis von Orientierung an programmatischen Positionen und Orientierung an Durchsetzungspositionen?

W. A.: Ich glaube, daß Herbert Wehner, so wie er nun heute funktioniert, deutlich eine Kombination aus bürokratischem und parlamentarischem Sonderbewußtsein repräsentiert, wie es einst von Rosa Luxemburg als „parlamentarischer Kretinismus" definiert worden ist. Herbert Wehner vergißt dabei, daß alle politischen Probleme, auch dasjenige der Regierungsbildung in der Bundesrepublik, wesentlich von der gesellschaftlichen Gesamtentwicklung bestimmt sind. Er denkt aus der bitteren Erfahrung der langen Regierungsrolle der CDU/CSU in der Aufschwungperiode des westeuropäischen Monopolkapitalismus heraus. Und er vergißt dabei, daß das eine mit dem anderen engstens kombiniert gewesen ist. In einer Periode, in der die sozialökonomische Entwicklung nun ganz anders verläuft, ist die Prognose Herbert Wehners schlicht falsch.

K. F.: In der Friedensbewegung wird teilweise die Meinung vertreten: Diese SPD ist sowieso für einen Kurs, der von der jetzigen Regierungspolitik wesentlich abweicht, nicht zu gewinnen; die Bewegungsbreite der SPD ist so minimal, daß es sich gar nicht lohnt und daß es auch gar nicht möglich ist, ernsthafte Veränderungen durchzusetzen. Was würdest Du zu dieser Einschätzung sagen, die ja im Grunde die SPD aus der weiteren Entwicklung ausschaltet?

W. A.: Eine solche Einschätzung der Dinge ist sozusagen – ich will jetzt einmal eine historisch gängige Fraktionsbezeichnung gebrauchen, die natürlich nicht in purer Übertragung möglich ist – eine typisch ultralinke Einschätzung. Die Sozialdemokratie, wie sie ist, in ihrer Vernahtung mit gewerkschaftlichen Spitzengremien, in ihrer Vernahtung auch mit dem Bewußtsein mindestens der älteren Generation der industriellen Arbeiterklasse und auch anderer Schichten der abhängig Arbeitenden, bleibt für diese ein Integrationsfaktor, und das sicher noch für relativ lange Zeit. Diese Bewußtseinsformen lassen sich nur im Zusammenhang mit Auseinandersetzungen in der Sozialdemokratie entwickeln und nicht allein von außen. Es bedarf dabei allerdings der Hilfe von außen. Die gegenwärtige Stärke linksoppositioneller Gruppierungen in der Sozialdemokratie – sie ist nicht übermäßig, aber man muß sie in Betracht ziehen – wäre ohne den Anprall solcher Bewegungen von außen nicht denkbar.
Aber andererseits wäre die Stärke der Friedensbewegung auch nicht denkbar, ohne daß es derartige Widersprüche in der Sozialdemokratie gibt und ohne daß sie

sich dort weiter entwickeln. Man kann also die Einschätzung, daß man die Entwicklung in der Sozialdemokratie völlig aus seinem Handeln ausgliedern könnte, an der realen Entwicklung nicht begründen. Alles Handeln von linken politischen Gruppierungen außerhalb der heutigen Sozialdemokratie darf sich nicht in Selbstbefriedigung verlieren, sondern es muß die Möglichkeit der Einwirkung auf die Sozialdemokratie einbeziehen, wenn es Erfolg haben will.

K. F.: Nun könnte umgekehrt ja eine Entwicklung eintreten, für die sicher manche Führungsfiguren der SPD Interesse haben, nämlich sich von dieser merkwürdigen, diffusen, bedenklichen Friedensbewegung im ganzen abzukoppeln. Eine solche Linie ist gegenüber der Bonner Demonstration vom 10. Oktober 1981 mehrheitlich bezogen worden; und sie drückt sich z.B. auch in den Löwenthal-Thesen, wenn auch ohne besonderen Bezug auf die Friedensfrage, der Sache nach aus. Welche Folgen würde es aus Deiner Sicht für die SPD haben, wenn sie sich aus dieser Diskussion sozusagen organisatorisch ausschalten würde?

W. A.: Die SPD würde ihre eigene Stärke, wie sie sie heute trotz allem in vielen Fragen noch hat, weiter liquidieren. Die Sozialdemokratie kann sich eine rabiate Organisationspolitik des Verbots der innerparteilichen Diskussion von ihrem eigenen Interesse aus nicht leisten.

G. M.: Die SPD steht in der Rüstungsfrage offenbar viel weiter rechts als andere Parteien der Sozialistischen Internationale, beispielsweise als die Labour Party in Großbritannien, die sich als Partei aktiv in der dortigen Friedensbewegung engagiert und etwa auch an der Umwandlung von einzelnen Städten, Gemeinden oder ganzen Landesteilen (z.B. Wales) in „atomwaffenfreie Zonen" beteiligt. Liegt diese Differenz zwischen der SPD und der Labour Party nur daran, daß die eine Oppositionspartei, die andere Regierungspartei ist? Oder spielen andere Faktoren für diese Unterschiede eine Rolle?

W. A.: Ohne Zweifel spielen andere Faktoren eine entscheidende Rolle. Die Labour Party ist ja teils Mitgliederpartei, teils mit einer – übrigens nicht rational durchorganisierten, aber breiten – Gewerkschaftsbewegung kombinierte Partei. In der Labour Party haben deshalb demokratische Auseinandersetzungen immer eine wesentlich größere Rolle gespielt als in der westdeutschen Sozialdemokratie. Der Diskussionsrahmen und auch die Einflußmöglichkeiten von aktiven Basisgruppen auf die Gesamtpolitik der Partei waren jeweils breiter. Und deshalb kann man Labour Party und Sozialdemokratie nicht ganz einfach vergleichen.

Durch die andere Vernahtung der Klassenfrage mit der Partei, durch das andere Bewußtsein der Labour Party, das trotz des Versagens ihrer Führungsgruppe im Argentinien-Konflikt heute – im Gegensatz zu der Zeit vor dem Ersten Weltkrieg – stärkere sozialistische Elemente enthält als das Denken der SPD, ergeben sich für die Labour Party ganz andere Perspektiven. Daher steht sie natürlich auch in der Friedensfrage links von der Sozialdemokratie.

Aber es dreht sich hier ja keineswegs allein um die Friedensfrage. Wir haben jetzt gerade die Groteske im Bundestag erlebt, daß die Sozialdemokratie begeistert für die Einbeziehung Spaniens in die NATO eintrat, während die Sozialistische Partei Spaniens, bei allen Mängeln, die sie ansonsten hat – und sie hat gewaltige Mängel – in der NATO-Frage auf der anderen Seite steht, so daß die Sozialistische Partei Spaniens geradezu verkauft ist durch dieses Verhalten der deutschen Sozialdemokratie.

8. Gewerkschaften und Friedensbewegung

C. J.: Wir haben vorher bei der Diskussion des Verhältnisses von Sozialdemokratie und Friedensbewegung das Problem der historischen Verpflichtung der sozialdemokratischen Arbeiterbewegung angesprochen. Diese Frage war und ist natürlich für die Gewerkschaften von zentraler Bedeutung, weil Antimilitarismus nun einmal zum Zentrum der Geschichte der deutschen Gewerkschaften gehört. Die Frage ist heute, was aus diesen antimilitaristischen Traditionen geworden ist, welche Schwierigkeiten, aber auch Erfolge damit verbunden waren. Wie beurteilst Du die Wirkung dieser Antimilitarismus-Tradition in der Gegenwart?

W. A.: In der gegenwärtigen Situation hat sich im Verhalten der gewerkschaftlichen Spitzen eines sehr deutlich gezeigt. Zunächst haben sie durchaus an der Verketzerung der Friedensbewegung mitwirken wollen. Der Beschluß, mit dem der Gewerkschaftsjugend die Eingliederung in die Friedensbewegung verboten werden sollte, ist nur eine Spiegelung dieses Tatbestandes. Leider dreht es sich dabei nicht nur um Probleme des Verhaltens der gewerkschaftlichen Spitzen. Zwar wäre es falsch, von einer promilitaristischen Wandlung des Bewußtseins der Massen der gewerkschaftlichen Betriebsfunktionäre auszugehen. Gleichwohl wird das Verhalten der Spitzengruppen in dieser Frage doch von einer gewissen politischen Apathie gewerkschaftlicher Betriebsfunktionäre in solchen Fragen mitgetragen. Das bedeutet aber nicht, daß das gewerkschaftliche Handeln nicht veränderbar wäre. Die durch einen Beschluß der IG Metall herbeigeführte Revision und Konkretisierung der Friedenspolitik-Resolution auf dem letzten Bundeskongreß des DGB ist ein Ausweis für diese Situation. Ich erinnere nur daran, daß wir schon über die Wandlung des Verhaltens gewerkschaftlicher Spitzen in der Remilitarisierungsfrage – unter dem Druck der Friedensbewegung und der gewerkschaftlichen Basis zu Beginn der fünfziger Jahre – gesprochen haben.
Heute muß man natürlich wissen, daß eine einfache Wiederholung dieses Vorgangs nicht möglich ist. Allerdings ist nicht zu verkennen, daß es schon erste Reaktionen auch der gewerkschaftlichen Spitzen auf die Ausstrahlung der Friedensbewegung in die Arbeiterschaft hinein gibt. Sogar die Diskussion um das Grundsatzprogramm 1981 hat das – trotz zahlreicher Schwachstellen und Defizite dieses Programms – bestätigt.
Auch der gewerkschaftliche „Friedensappell" muß in diesem Zusammenhang gesehen werden. Ohne jeden Zweifel war die Unterschriftensammlung für diesen

Appell zunächst als Ablenkungsmanöver gemeint – Ablenkung von Positionen und Forderungen, wie sie von der Friedensbewegung im Krefelder Appell vor allem im Hinblick auf den „Nachrüstungsbeschluß" der NATO formuliert werden. Eben diese Wirkung hat er aber nicht erzielen können. Es ist bekanntlich nicht einmal annähernd gelungen, für den gewerkschaftlichen Friedensappell die gleiche Zahl der Unterschriften wie für den Krefelder Appell zu mobilisieren. Auch gewerkschaftlich organisierte und aktive Arbeiter haben häufig diese Unterschriftenkampagne des DGB nicht ernst genommen, weil sie ihre Unterschrift bereits für den Krefelder Appell gegeben hatten oder geben wollten. Deshalb sind sie beim zweiten Appell ganz einfach inaktiv geworden. Dabei haben sie aber die Möglichkeit unterschätzt, die ursprüngliche Absicht des DGB-Appells umzudrehen; denn dieser Aufruf enthält ja trotz seiner Mängel und trotz seiner ursprünglichen taktischen Intention eine ganze Reihe von friedenspolitischen Forderungen, die auch von der Friedensbewegung vertreten werden. Die breite Mobilisierung für diesen Aufruf, eine intensive Debatte über den möglichen Beitrag der Gewerkschaften zur Friedenspolitik und -sicherung kann also zu einer notwendigen Bewußtseinsentwicklung und Politisierung breiter Betriebsfunktionärsgruppen der Gewerkschaften beitragen – und das ist zweifellos eine notwendige Voraussetzung dafür, daß die Gewerkschaften eine aktive Rolle in und mit der Friedensbewegung spielen können. Man darf natürlich seine Chancen dabei nicht überschätzen; aber solche Ansätze einer Mobilisierung und Bewußtseinserweiterung sind möglich und notwendig.

Daher darf man in keiner Weise – wie es bei einem Teil der Friedensbewegung im Hinterkopf steckt – zu einem Ignoranzdenken gegenüber den Gewerkschaften gelangen. Vielmehr muß man umgekehrt vor allem die jungen Arbeitnehmer dazu erziehen und ermuntern, auch in diesen Fragen innergewerkschaftlich aktiv zu werden. Man darf nicht die Fehler, die dereinst durch ihren RGO-Kurs nach 1928 die KPD gemacht hat, wiederholen; denn man muß immer im Bewußtsein haben, daß große Erfolge nur dann möglich werden, wenn der Kern der aktiven Gewerkschafter – der mittleren Funktionäre wie der Betriebsfunktionäre – aktiviert wird, wenn sie aufgrund eigener praktischer Kampferfahrungen und aufgrund eines politischen Lernprozesses einsehen, daß die Verteidigung der sozialen Interessen der Lohnabhängigen in der Situation der kapitalistischen Wirtschaftskrise und der Offensive des Monopolkapitals, das Eintreten für gesellschaftspolitische Reformen und Veränderungen zugunsten der Arbeitnehmer einerseits und andererseits die Sicherung des Friedens keinen Gegensatz, sondern eine Einheit – theoretisch wie praktisch – bilden. Das wird bei der Stellungnahme zum Bundeshaushaltsplan 1983 schon durch die weitere Steigerung der Rüstungsausgaben bei gleichzeitigen rabiaten Kürzungen der Sozialausgaben handgreiflich erkennbar.

C.J.: Ich möchte an Deiner Analyse Differenzierungen anbringen. Zunächst kann ich es nicht akzeptieren, wenn Du generell von **den** Gewerkschaftsspitzen sprichst, weil wir dort gewichtige Unterschiede beachten müssen. Außerdem müssen wir einige zum Teil bedrückende Erfahrungen berücksichtigen, die bei der Unterschriftensammlung für den DGB-Friedensappell gemacht wurden. Viele Kolleginnen und Kollegen, die sich für die Unterschriftensammlung eingesetzt haben, sind auf eine Mauer des Mißtrauens gegenüber dieser Aktion gestoßen. Daraus kann man auf die Schwierigkeiten schließen, mit denen eine solche Kampagne zu rechnen hat - vor allem aufgrund eines weitverbreiteten Mißtrauens in der Mitgliedschaft gegenüber Positionen zur Abrüstung, wie sie im Friedensappell des DGB – in Abrüstungsbeschlüssen vieler Gewerkschaftstage und -kongresse oder etwa im Krefelder und Bielefelder Appell enthalten sind.

W.A.: Dein Hinweis auf die konkreten Probleme bei der Unterschriftensammlung für den DGB-Appell wundert mich nicht; denn die Mentalität großer Teile der mittleren Generation der deutschen Bevölkerung ist nun einmal überlagert durch die herrschende Mentalität unserer Zeit und der ganzen öffentlichen Meinungsbildungsapparate. Das von Dir erwähnte Mißtrauen gegen eine Friedensinitiative des DGB ist Ausdruck dieser Mentalität. Das ist heute ganz anders als noch etwa in der Weimarer Republik; denn damals war selbst die reformistische Gewerkschaftsbewegung nicht so stark durch die herrschende, bürgerliche Ideologie beeinflußt. Daß die letzten Reste von klassenkämpferischem Bewußtsein auch in solchen friedenspolitischen Fragen in breitesten Schichten auch der gewerkschaftlichen Mitgliedschaft einfach ausgelöscht und überdeckt worden sind von dem herrschenden Sozialpartnerschaftsbewußtsein der Gesellschaft einerseits und durch das Bewußtsein der Identifikation mit den Grundzügen der herrschenden Außen- und Militärpolitik andererseits, das ist ein Tatbestand, mit dem wir rechnen müssen. Auch insofern hat – darin stimme ich Dir zu – die Unterschriftenaktion des DGB eine durchaus progressive Seite. Deshalb trete ich auch dafür ein, daß man sie weitertreibt.

F.D.: Wenn man die Entwicklung der Gewerkschaftspolitik vor allem in der jüngsten Zeit betrachtet, so zeichnet sich doch eine recht eindeutige Anlehnung des überwiegenden Teils der Gewerkschaftsspitzen an die Regierungspolitik der SPD ab. Seit 1979 kann man nach meiner Überzeugung einen Wandel in der gewerkschaftlichen Politik in dieser Richtung feststellen. Auf der anderen Seite wächst die Erkenntnis über den Zusammenhang zwischen den Fragen der Friedens- und Abrüstungspolitik und der gewerkschaftlichen Interessenvertretung auf den Gebieten Lohnsicherung, Beschäftigung, Sozialabbau, Abwehr der Krisenfolgen usw. Worauf führst Du es zurück, daß in der letzten Zeit – im Unterschied zur Diskussion der frühen siebziger Jahre, in der doch von vielen führenden Gewerkschaftern die Autonomie der Gewerkschaften gegenüber der SPD als Regierungspartei betont worden ist – vom rechten Flügel der gewerkschaftlichen Führungsgsruppen ein massiver Druck in Richtung auf eine Annäherung und Unterordnung unter die SPD-Regierungspolitik von Helmut Schmidt ausgeübt wird? Welche Konsequenzen hat das für die Gewerkschaftspolitik?

W. A.: Nun, zunächst einmal haben wir hier eine parallele Entwicklung, wenn wir die historischen Umstände des Scheiterns des letzten sozialdemokratisch geführten Kabinetts der Weimarer Republik, der Regierung Hermann Müller, im Jahre 1930 betrachten, obwohl wir – ich habe darüber schon vorher gesprochen – aufgrund der verschiedenen Grade der Einsicht in Klassenprobleme bei den Massen nicht einfach historische Erfahrungen in die Gegenwart übertragen können. Der Sturz der Regierung Hermann Müller war – vordergründig betrachtet – die Folge der Weigerung der Freien Gewerkschaften, des ADGB (und seiner Repräsentanten in der SPD-Reichstagsfraktion), weiteren Maßnahmen des Sozialabbaus – hier auf dem Gebiet der Arbeitslosenversicherung – zuzustimmen. Vordergründig ist dieser Zusammenhang deshalb, weil wir inzwischen auch durch die historische Forschung wissen, daß die bürgerlichen Koalitionspartner der SPD – in voller Übereinstimmung mit der strategischen Orientierung des Monopolkapitals – nur auf einen Anlaß für den Sturz der SPD-geführten Regierung warteten, um auf diese Weise die politische Achse weiter nach rechts zu verschieben und einen entscheidenden Schritt in die Richtung der Zerstörung der Demokratie zu vollziehen, der dann mit der Etablierung des ersten Präsidialkabinettes Brüning und seiner Politik eingeleitet wurde. Heinrich Brünings Memoiren lassen über diesen Zusammenhang keinen Zweifel und widerlegen eindeutig die Legenden, die seit K. D. Brachers Buch über die Krise der Weimarer Republik dazu aufgebaut worden sind.

Für die gewerkschaftlichen Spitzen war in der Frage der Arbeitslosenversicherung die Grenze der Unterstützung für die Hermann Müller-Regierung erreicht. Nach dem Sturz von Hermann Müller und nachdem Brüning eben diese Politik weiterer Kürzungen im Sozialbereich und der Löhne durch seine Notverordnungen, also bei gleichzeitiger zielbewußter Liquidation des demokratischen Verfassungsrechts, in Angriff nahm, stellen wir fest, daß große Teile der Spitzen der Gewerkschaften eben vor dieser Politik kapitulieren. Sie passen sich jetzt aus purer Angst an; denn sie befürchten – im Blick auf die Wahlerfolge der NSDAP – einen noch reaktionäreren Umschlag und passen sich damit auch der Rückzugsentwicklung der sozialdemokratischen Führung an, die das Brüning-Kabinett und seine Politik bekanntlich „tolerierte". Auch diese Anpassung erreicht dann – nicht in der Ära Brüning, sondern gegenüber dem Präsidialkabinett Papen, das 1932 eine weitere Rechtsverschiebung bedeutet – ihre Grenzen; denn jetzt – z.B. beim „Frankfurter Krisenkongreß" des ADGB im Jahre 1932 – proklamieren auch die gewerkschaftlichen Spitzen – man denke nur an den Positionswandel von Fritz Tarnow – plötzlich wieder eine sozialistische Programmatik, um dann sehr rasch wieder zurückzufallen, bis hin zu den Anpassungsversuchen an Hitler und das NS-Regime im Frühjahr 1933 und schließlich zur kampflosen Kapitulation im Mai 1933.

Eine ähnliche Entwicklung erleben wir auch heute. Große Teile der gewerkschaftlichen Spitzen (vor allem die Führungen von IG Chemie, NGG und Bau-Steine-Erden) glauben, die Regierungspolitik, auch in sozial- und lohnpolitischen Fragen, stärker unterstützen zu müssen, weil sie Angst haben, als Alternative komme nur eine ultrareaktionäre CDU/CSU-Regierung in Frage, die ihrerseits einen Frontalangriff auf den Lebensstandard der Arbeitnehmer, die sozialen Errungenschaften und die Rechte der Gewerkschaften unternehme. Und diese Angstvorstellung versuchen sie auch innerverbandlich, also „nach unten" zu vermitteln. Dank der Massenstimmungen, über die wir schon vorher gesprochen haben, gelingt ihnen dies übrigens besser in der Friedensfrage als in tarif- und sozialpolitischen Fragen. In diesem Verhalten konkretisiert sich eine Einstellung gewerkschaftlicher Spitzen, die sich – für die Entwicklung und Durchsetzung der gewerkschaftlichen Politik – nicht mehr auf Klassenkraft oder die Mobilisierung von Klassenkraft verlassen, sondern die es gewohnt sind, sich auf bloße Verhandlungen und auf ihre Verbindungen zum Regierungsapparat zu verlassen. Wird aber Druck von Seiten der „Sozialpartner" und auch von Seiten der Regierung auf die Arbeits- und Lebensbedingungen der Arbeitnehmer und auf die Gewerkschaften stärker, so weichen die gewerkschaftlichen Spitzen auch bei den tarif- und sozialpolitischen Fragen immer weiter zurück. Ich erinnere etwa an den letzten Tarifabschluß der IG Metall, d.h. die Unterwerfung unter den Schiedsspruch, der nur eine Lohnerhöhung von 4,2 Prozent vorsah und damit de facto – wie jeder wußte – eine Reallohnsenkung bedeutete.

F.D.: Ich möchte Dich hier unterbrechen, um noch einmal auf die Frage der historischen Parallele, die Du angeschnitten hast, zurückzukommen. Das Exempel

„Scheitern der Hermann Müller-Regierung" im Jahre 1930 und die nachfolgende Brüning'sche Politik wird ja derzeit auch in den Gewerkschaften diskutiert. Nun gibt es eine bekannte Interpretation dieser Ereignisse von rechtssozialdemokratischen Historikern, die – grob zusammengefaßt – folgende These vertreten: Die SPD (und mit ihr die Gewerkschaften) habe sich in dieses für die ganze Entwicklung der Republik verhängnisvolle Dilemma hineinmanövriert, weil sie zum damaligen Zeitpunkt noch zu sehr Klassenpartei, noch zu marxistisch, noch zu links war. Daher habe sie die Notwendigkeit einer „Öffnung nach rechts" nicht begriffen und Bündnismöglichkeiten mit bürgerlich-republikanischen Kräften verspielt. Im Grunde – so lautet dann die Schlußfolgerung – sei diese historische „Öffnung" erst mit dem Godesberger Programm von 1959 endgültig vorgenommen worden.

Eine solche Interpretation der Situation des Jahres 1930 kann natürlich auch heute mit einiger Resonanz rechnen. Aus der Sicht der Gewerkschaften würde das heißen: „Wir müssen alle Anstrengungen unternehmen und auch zu erheblichen Zugeständnissen bereit sein, um die gegenwärtige sozialliberale Regierung zu halten!" – durch Tolerierung, durch eine bewußte Anerkennung des „kleineren Übels", sogar durch eine „Öffnung nach rechts", was in der gegenwärtigen Situation bedeuten würde: Tolerierung weiterer Einschnitte in das „Netz der sozialen Sicherheit", wie sie von der FDP gefordert werden, Hinnahme von Reallohnverlusten und von politischer Passivität auf dem Felde der Beschäftigungspolitik, Unterordnung unter die zwiespältige Außen- und Sicherheitspolitik, über die wir vorhin gesprochen haben, und anderes mehr. Diese Fragen werden in den Gewerkschaften heute kontrovers diskutiert. Eugen Loderer hat vor kurzem vor der Vertrauensleutekonferenz der IG Metall sehr hart gegen diejenigen Position bezogen, die nach seiner Auffassung dazu beitragen, die gegenwärtige Regierung „aus dem Amt zu streiken". Welche Lehren muß man nach Deiner Überzeugung aus den Erfahrungen des Jahres 1930 ziehen?

W. A.: Wenn man nur die Geschichte objektiv betrachtet, sind diese Lehren nach meiner Meinung relativ einfach. Die These, derzufolge der entscheidende Fehler der Sturz der Hermann Müller-Regierung, der nächste entscheidende Fehler die ungenügende Abstützung Brünings gegenüber den reaktionären Teilen des Regierungsapparates gewesen sei – diese These ist sozusagen die herrschende Lehre der Geschichtswissenschaft der Bundesrepublik seit den Arbeiten von Bracher in den fünfziger Jahren über das Ende der Weimarer Republik. Das wurde „normales" historisches Bewußtsein – in allen Meinungsbildungsapparaten und schließlich auch im Denken gewerkschaftlicher Spitzen (der jüngeren Generation; denn natürlich hatten Gewerkschafter wie Otto Brenner, Adolf Kummernuß, Wilhelm Gefeller u.a. die Endphase der Weimarer Republik aktiv in der Arbeiterbewegung miterlebt; sie waren daher völlig anderer Meinung). Es kann so nicht verwundern, daß ein solches Denken auch auf große Teile der Arbeiterklasse, die kein eigenes – vor allem kein eigenes historisches – Bewußtsein entwickeln konnten, einwirkt. Wir haben über dieses Problem schon vorher gesprochen.

Nun hat diese „offiziöse" Theorie der „herrschenden Meinung" in der bundesrepublikanischen Geschichtswissenschaft nichts mit der historischen Realität zu tun; sie ist nichts anderes als eine ideologische Vorgabe. Denken wir einmal an die Periode 1930 bis 1933 zurück. Der wirkliche Grund der Niederlage der deutschen Arbeiterbewegung bestand nicht darin, daß sie keine weiteren Vorgaben gemacht hat, daß sie nicht bereit war, den „Ballast des marxistischen Dogmatismus" und des Klassendenkens abzuwerfen. Der wirkliche Grund der Niederlage bestand vielmehr darin, daß diese deutsche Arbeiterbewegung und ihre Hauptströmungen in den Parteien wie in der Gewerkschaftsbewegung nicht zu einem einheitlichen Klassenhandeln a) gegenüber dem Angriff des Monopolkapitals und b) gegenüber der faschistischen Bewegung gefunden haben. Das dauernde Zurückweichen der Sozialdemokratie und des ADGB gegenüber jedem neuen Vorstoß der Gegenseite war durch Angst begründet. Dieses Zurückweichen hat die Gegensätze zwischen spontanen Bewegungen in der Arbeiterklasse, die Gegensätze zwischen arbeitslos gewordenen Betriebsarbeitern und den traditionellen Organisationen, der Sozialdemokratie und den Gewerkschaften, so verschärft, daß der Widerspruch zwischen der RGO-Politik der KPD und dem Arbeiter innerhalb der Gewerkschaftsbewegung möglich wurde.

Man muß daran erinnern, daß dieser Widerspruch keineswegs ausschließlich auf die Fehler der Kommunistischen Partei zurückzuführen ist. In ihm spiegelt sich auch ein Massendenken, das sich seit 1929 immer mehr verbreitet hat. Die kritischen Elemente werfen nunmehr den vorsichtigen, taktierenden reformistischen Elementen „Sozialfaschismus" vor. Das war falsch, und ich habe darüber schon gesprochen. Aber auch diese „Sozialfaschismustheorie" entsprach keineswegs nur Vorgaben „von oben", d.h. von der Spitze der Kommunistischen Partei, sondern entsprach einer Massenstimmung, die in dieser Situation entstand und verfestigt wurde; denn sie war – mit anderer Terminologie – seit dem Ersten Weltkrieg und der Novemberrevolution immer wieder – als Reaktion auf die rechtssozialdemokratische Politik – am linken Flügel der deutschen Arbeiterbewegung aufgekommen.

Ähnliche Gefahren gibt es auch heute. Wir hatten vorhin darüber gesprochen, daß ein großer Teil der jungen Generation gewerkschaftliches Handeln eher gleichgültig und ablehnend betrachtet und hier kaum Verbindungen zu eigenen Erfahrungen und Erwartungen sieht. Natürlich haben wir heute keine relevante RGO-Politik; denn vor allem die kommunistische Bewegung hält sich auf diesem Gebiet nunmehr an die Lehren, die sie aus der Niederlage des Jahres 1933 gezogen hat. Gleichwohl ergeben sich solche Diskrepanzen heute in ähnlicher Weise; je mehr die Sozialdemokratie und die Mehrheit in den Gewerkschaften davor zurückweichen, einen entschlossenen Kampf gegen die Rechtsentwicklung in der Auseinandersetzung um die Wirtschafts- und Sozialpolitik, um die Gesellschaftspolitik und schließlich um die Außen- und Friedenspolitik zu führen, um so mehr werden auch politische Stimmungslagen entstehen, die dann Sozialdemokratie und Gewerkschaften pauschal als die Hauptverantwortlichen dieser Rechtsentwicklung und in der Konsequenz als den politischen Hauptgegner bestimmen wollen.

Ich will noch einmal auf die Ausgangsfrage zurückkommen. Daß der Faschismus siegte, daß angesichts des Aufschwungs der faschistischen Massenbewegung in den autoritären Stadien der Endphase der Weimarer Republik (also seit 1930) das „zahmere", autoritäre Verhalten der Brünings dann durch das rabiatere der Papens, und schließlich durch die Diktatur Hitlers abgelöst werden konnte, das resultierte daraus, daß die Gegenbewegungen nicht zu einheitlichem Handeln finden konnten und also das Klassendenken des Proletariats nicht aktiv, nämlich in der Aktion mobilisiert werden konnte. Insofern ist die Theorie von Bracher und anderen historisch schlicht falsch.

F. D.: Wir haben jetzt von den historischen Lehren gesprochen. Nun gibt es aber heute viele jüngere und ältere Gewerkschafter, die diese Lehren aus der Geschichte durchaus kennen und die sich in den letzten Jahren für eine aktive und autonome gewerkschaftliche Klassenpolitik eingesetzt haben. Gerade diese Gruppierung sieht sich heute in ihrer gewerkschaftlichen Arbeit mit vielfältigen Schwierigkeiten konfrontiert. Da sind einerseits die objektiven Schwierigkeiten und Widersprüche, die durch die Wirkungen der kapitalistischen Krise produziert werden; denn die Erfahrung von Arbeitslosigkeit intensiviert die Konkurrenz in der Arbeiterklasse, bringt Prozesse der Entsolidarisierung hervor und erschwert damit objektiv eine aktive gewerkschaftliche Interessenvertretung. Andererseits bricht sich eine autonome, gewerkschaftliche Klassenpolitik immer wieder an den politischen Kräftekonstellationen in unserem Lande. Sie gerät sogar in der Gewerkschaftsbewegung selbst unter Druck – ich erinnere nur an die „Rechtsverschiebung" innerhalb der Gewerkschaften, über die wir vorher gesprochen haben. Für viele dieser aktiven Gewerkschafter ist es heute ein Problem, in dem breiten Feld der Aktivitäten – von der Friedensbewegung bis hin zur Tarifpolitik, der Auseinandersetzung um die „neuen Techniken", der Auseinandersetzung mit der Regierungspolitik, vor allem mit der Beschäftigungs- und der Sozialpolitik usw. usf. – eine sinnvolle Handlungs- und Aktionsperspektive zu sehen. Einige neigen zur Resignation, weil sie in dem großen Umfeld der Widerstände, die sie täglich erleben, keinen Raum für erfolgreiches gewerkschaftliches Handeln mehr sehen. Einige resignieren auch aufgrund der innergewerkschaftlichen Kampagnen gegen linke Positionen (man denke nur an die IG Chemie) und überlegen sich, ob sie ihr Engagement in Bürgerinitiativen oder alternative Bewegungen verlegen. Wo siehst Du gegenwärtig realistische Ansatzpunkte für die Entwicklung und Weiterführung einer autonomen gewerkschaftlichen Klassenpolitik?

W.A.: Die Perspektive kann sich gegenwärtig nur aus einer Kombination von „Aktionsprogrammen" ergeben. Dabei muß man auch realistischerweise davon ausgehen, daß wir heute keinen breiten Stamm in den entscheidenden Generationen der Gewerkschaftsbewegung voraussetzen können, der über ein voll entwickeltes Klassenbewußtsein und eine entsprechende strategische Perspektive verfügen kann. Um der individuellen Resignation entgegenzuwirken, dazu bedarf es aber auch der Aneignung von geschichtlichem und theoretischem Wissen, das uns diese Entwicklung und ihre Widersprüche, aber auch die Möglichkeiten einer Veränderung begreifbar macht. Hier liegt zum Beispiel eine zentrale Aufgabe der gewerkschaftlichen Bildungsarbeit, die ja in der Vergangenheit schon einen äußerst wichtigen Beitrag zur Heranbildung eines – wenn auch noch kleinen – Stamms von bewußten und aktiven Gewerkschaftern geleistet hat.

Auf der anderen Seite ist die Entwicklung des Klassenbewußtseins niemals ausschließlich durch Bildungsarbeit zu erreichen. Dazu gehört auch die praktische Erfahrung, die Kampferfahrung. Für die gegenwärtige Situation – gerade auch im Hinblick auf die Schwierigkeiten, die von Dir zutreffend angesprochen worden sind – heißt das nach meiner Meinung, daß die Perspektive einer aktiven Gewerkschaftspolitik aus einer Kombination von Aufgabenstellungen entwickelt werden muß. Im Vordergrund steht dabei natürlich die Frage der Verteidigung gewerkschaftlicher Positionen hinsichtlich der Lebenshaltungsmöglichkeiten für die Arbeiterklasse. Es ist richtig, daß die Tarifpolitik schwieriger geworden ist – aufgrund des Drucks der Krise mit ihren Entsolidarisierungsprozessen, aber auch aufgrund des Zurückweichens vieler Mitglieder und Funktionäre. Man muß im Bereich der Tarifpolitik – auch im Bewußtsein der geschichtlichen Ereignisse zwischen 1930 und 1933, über die wir gerade gesprochen haben – von Seiten der aktiven Kolleginnen und Kollegen immer wieder deutlich machen, daß es sich hier um ein Gebiet der sozialen und ökonomischen Auseinandersetzung handelt, auf dem sich die antagonistischen Interessen von Kapital und Arbeit einander gegenüberstehen und im Kampf ausgetragen werden müssen, daß – mit anderen Worten – die Kampffähigkeit der Gewerkschaften darüber entscheidet, ob die sozialen Lasten der kapitalistischen Krise vom Kapital erfolgreich auf die arbeitende Bevölkerung abgewälzt werden können oder nicht. Wie ich gehört habe, hat es z.B. im IG Metall-Bezirk Stuttgart eine erhebliche Opposition gegen den letzten 4,2-Prozent-Abschluß gegeben. Das halte ich für ein erfreuliches Zeichen.

Zweitens kann man realistische Aktionsperspektiven dadurch entwickeln, daß man die Forderungen und Aktionen, die sich gegen den Abbau von staatlichen Sozialleistungen, vor allem im Bereich der Arbeitslosenversicherung, richten, jetzt mit Forderungen nach einer Kürzung des Rüstungsetats verknüpft. In einem ersten Schritt wäre zu fordern, daß die Rüstungsausgaben nicht nur eingefroren, sondern reduziert werden, um die dadurch frei werdenden Mittel im Bereich der Sozial- und Bildungspolitik, aber auch für eine Politik der Beschäftigungssicherung einzusetzen. Man kann also an solchen Forderungen eine nahfristige Perspektive entwickeln. Dabei ist die Ablehnung des Haushaltsprogramms der Bundesregierung durch den Bundesvorstand des DGB ein guter Ansatz. Aber es genügt nicht, wenn diese Ablehnung nur verbal bleibt. Die Verknüpfung des Kampfes für die unmittelbaren sozialen und ökonomischen Interessen der Arbeitnehmer mit der Bewegung für Frieden und Abrüstung halte ich dabei zum gegenwärtigen Zeitpunkt für besonders wichtig; denn auch in der Arbeiterklasse wächst die Einsicht, daß bei einer weiteren Steigerung der Rüstungsausgaben – etwa nach dem Vorbild der USA –, ganz zu schweigen von der Möglichkeit eines atomaren Krieges, die Lösung der sozialen, ökonomischen und auch ökologischen Probleme unserer Zeit unmöglich wird.

C.J.: Wir haben zuvor von der historischen Parallele zwischen der Periode 1929 bis 1933 und der heutigen Entwicklung gesprochen, die mit Weltwirtschaftskrise, millionenfacher Arbeitslosigkeit und Dequalifizierung die Erfahrung des Anden-Rand-gedrängt-werdens für viele abhängig Beschäftigte mit sich bringt. Siehst Du heute – im Unterschied zur Entwicklung nach 1929, auch als eine mögliche Lehre aus der Geschichte – Chancen dafür, daß in und mit der Gewerkschaftsbewegung eine stärkere Mobilisierung von Widerstand, auch von politischem Widerstand, gegen diese Verhältnisse und Gefahren erreicht werden kann?

W.A.: Ich halte das für erreichbar, wenn man die nötigen Anleitungen und die nötigen Kombinationen bietet. Im Bereich der IG Metall – um nur ein Beispiel her-auszugreifen – gibt es praktische Ansätze in dieser Richtung. Ich denke dabei zu-nächst an die große Demonstration, mit der Ende des letzten Jahres in Stuttgart zum Widerstand gegen die Sparoperationen der Bundesregierung zu Lasten der Arbeitnehmer aufgerufen wurde. Auch die Demonstration der IG Metall in Nürnberg, die sich gegen die neuen Zumutbarkeitsbestimmungen für Arbeitslo-se richtete, ist ein richtiger Schritt in diese Richtung, obwohl und gerade weil die-se Demonstration nur von Teilen der Gewerkschaftsspitze, die restliches Klassen-bewußtsein bewahrt haben, ausgegangen ist. Jeder derartige Schritt zeigt aber auch, was erreichbar ist und wo realistischerweise anzuknüpfen ist. Bei diesen Aktionen muß man, wie ich gesagt habe, koppeln. Man muß zum Beispiel lernen, diese Forderungen mit den Forderungen der Friedensbewegung zu verbinden, weil sich hier schon ein breites Bewußtsein in Teilen der gewerkschaftlichen Mitgliedschaft entwickelt hat. Aber auch die Friedensbewegung muß wissen und lernen, daß es für sie ohne diese Verkoppelung keine Erfolgsmöglichkeiten gibt.

9. Kommunisten und Friedensbewegung

G. M.: Unser nächster Punkt soll heißen: Kommunisten und Friedensbewegung. Wie steht es mit dem Anspruch der Kommunisten in der Bundesrepublik, von Anfang an für den Frieden gekämpft zu haben? Sie verweisen darauf, daß sie bereits in den Bewegungen gegen die Remilitarisierung in den fünfziger Jahren eine aktive Rolle gespielt haben. Sie stellen sich in die antimilitaristischen Traditionen von Marx und Engels, Bebel, Wilhelm und Karl Liebknecht, Rosa Luxemburg. Sind sie dazu berechtigt?

W. A.: Ich will den Kommunisten keineswegs bestreiten, daß sie berechtigt sind, ihre eigenen Traditionen darzustellen und zu vertreten. Nur sollten sie, die heute praktisch in der Bundesrepublik Deutschland eine sehr, sehr kleine Sekte sind, nicht vergessen, ihre eigenen Fehler, die sie in diese isolierte Lage gebracht haben, offen und unverhüllt in die Diskussion einzubeziehen. Man darf die Wiederholung eines Ansatzes zur RGO-Politik der Kommunistischen Partei im Jahre 1951 nicht verschweigen, sondern man müßte als Kommunist auch öffentlich bekennen und sagen: „Natürlich haben wir Fehler gemacht". Die Kommunisten bringen sich heute darüber hinaus in eine noch schwierigere Situation dadurch, daß man sie hier als bloße Verlängerung der Parteien der sozialistischen Länder ansieht und annimmt, die Kommunisten wollten eine bloße Übertragung des Organisationsschemas der realen sozialistischen Länder, das unter ganz bestimmten historischen Bedingungen entstanden ist und natürlich – wie jede geschichtliche Übergangsstufe – auch seine negativen Züge aufweist, vornehmen. Aus der Gefahr dieser Identifikation müßten sich die Kommunisten lösen, wenn sie ihre Traditionen glaubhaft vertreten wollen.

Das betrifft übrigens auch ein Problem, das wir schon einmal erwähnt haben. Wir haben vorher diskutiert, daß natürlich in den sozialistischen Ländern durch Sonderapparat-Interessen und Sondermentalitäten, die unter bestimmten geschichtlichen Bedingungen entstanden sind, Verzerrungen aufgetreten sind, zum Teil überflüssige Verzerrungen. Wenn man zum Beispiel die Wehrerziehung in der DDR von Kindesbeinen an hier verteidigt, so bringt man sich in eine unnötig schiefe Situation und sollte auch derartige Probleme ruhig erwähnen und ruhig kritisieren, wenn man Kommunist ist. Man kann dabei darlegen, daß solche Verzerrungen unter bestimmten Bedingungen entstehen; sie sind aber gegenwärtig da. Sie müssen sich auch dort in den sozialistischen Ländern überwinden, und sie werden sich auch tendenziell überwinden. Nur wenn die Kommunisten fähig werden, derartige Probleme offen darzustellen und offen in das eigene Denken einzubeziehen, haben sie eine Chance, die progressive Position, die sie im übrigen ja wirklich vertreten, glaubhaft darzustellen und dadurch wirkungsvoll zu werden. Die Kommunisten sind heute viel zu schwach, um die Rolle als Partei zu spielen, die an sich in der gegenwärtigen Gesellschaft notwendig wäre, um die Verkoppelung der verschiedenen Forderungsebenen der Arbeiterklasse zu einem einheitlichen taktischen und strategischen Bild zu bewirken.

G. F.: Ich glaube, Du liegst da in mehrfacher Hinsicht schief. Zunächst einmal wundere ich mich über Deine Bereicherung der Sektenforschung. Bislang konnte man bei Dir ja gerade lernen, daß darüber, ob eine Organisation eine Sekte ist oder nicht, nicht ihre quantitative Größe oder Kleinheit allein entscheidet, sondern der Inhalt ihrer Politik, die Breite oder Enge ihrer Programmatik und ihre Bündnisbereitschaft. Wäre es anders, dann ließe sich wohl kaum erklären, weshalb Du am Ende der Weimarer Republik in der KPO gewesen bist und nicht in der KPD oder der SPD. Diese beiden großen Parteien hast Du ja gerade immer wegen der Enge ihrer Politik – nicht nur die KPD, sondern auch, wegen ihrer Abgrenzung nach links und ihrer kapitalfrommen Tolerierungspolitik, auch die SPD – scharf kritisiert. Ich nehme an, daß man den Sektenbegriff nicht auf die Quantität allein beziehen kann.

W. A.: Ich habe ihn sehr bewußt quantitätsbezogen gebraucht.

G. F.: Dann hast Du über Fehler der KPD im Jahre 1951 gesprochen. Ich vermute, Du beziehst das in erster Linie auf die „These 37" einer Entschließung des KPD-Parteitags in diesem Jahr sowie auf die unflexible Haltung der Kommunistischen Partei in der „Revers-Frage". Die IG Metall, dann auch andere Gewerkschaften haben Kommunisten, die zugleich Gewerkschaftsfunktionen hatten, ein Papier vorgelegt, auf dem sie sich unterschriftlich von der „These 37" distanzieren sollten. Die „These 37" selbst enthielt u.a. unhaltbare Vorwürfe gegen die „rechten Gewerkschaftsführer", daß sie im Auftrag des deutschen und internationalen Monopolkapitals handelten, und eine falsche Einschätzung der Montanmitbestimmung. Wer den Distanzierungs-Revers nicht unterschrieb, wurde von seiner Gewerkschaftsfunktion abgelöst. Wer unterschrieb, wurde aus der KPD ausgeschlossen.
Ich stimme Dir zu, daß die KPD hier schwere Fehler gemacht hat. Unrecht hast Du aber, wenn Du behauptest, die westdeutschen Kommunisten hätten dies bis-

lang nicht eingestanden. Distanzierungen von der „These 37" und von der starren Position in der „Revers-Frage" hat bereits die KPD 1954 und 1965 veröffentlicht. Vor ganz wenigen Wochen nun ist in der DKP-Zeitung „UZ" ein langer selbstkritischer Artikel von Günter Judick zu diesem Problem gekommen, ich selbst habe mich in der Zeitschrift „nachrichten" dazu geäußert, und Ende Februar haben auf einer Tagung des Instituts für Marxistische Studien und Forschungen Ludwig Müller – er ist immerhin Präsidiumsmitglied der DKP – und Klaus Pickshaus die damaligen Fehler kritisiert und ihre Voraussetzungen genannt. Dein Vorwurf mangelnder Selbstkritik in diesem Punkt trifft also nicht zu. Ich würde Dir zustimmen, wenn Du sagst, die Fehler Anfang der fünfziger Jahre hätten der KPD geschadet. Richtig. Nur vergiß bitte nicht die Hauptursache für die damalige Minimierung der Partei. Dazu würdest Du doch gewiß auch die Verfolgungen rechnen, und die hängen eng mit dem Kalten Krieg und der Bekämpfung der damaligen Friedensbewegung zusammen. Zugespitzt möchte ich es so sagen: die KPD hat vor 1956 ihre Existenz als Organisation im Kampf gegen die Wiederbewaffnung und gegen die Westintegration aufs Spiel gesetzt, sie hat ihre eigene Existenz ganz eng mit dem Abwehrkampf gegen die nationale Spaltung verbunden. Denn die Verfolgungsmaßnahmen trafen sie ja erstmals in voller Härte zeitgleich mit der schnellen Forcierung der Remilitarisierungsbemühungen im Sommer 1950, und sie zielten auf die von ihr mitgetragene Volksbefragungsaktion gegen die Wiederbewaffnung 1951/52.

W.A.: Der Anlaß zum Verbotsantrag bestand darin, zweifellos.

G.F.: Der erste politische Tote in der Geschichte der Bundesrepublik, Philipp Müller, war Kommunist; er wurde 1952 bei einer Demonstration gegen die Wiederbewaffnung erschossen.

Jetzt zu Deiner anderen These: DKP und sozialistische Länder; das Image der westdeutschen Kommunisten, sie wollten deren politisches System einfach auf die Bundesrepublik übertragen. Wenn ich Dich recht verstanden habe, dann referierst Du selbst hier ein verbreitetes Urteil, das über diese Partei besteht, aber dieses Urteil trifft nicht ihre Realität. Immerhin hat sie ein Programm, wo man ihre Meinung dazu nachlesen kann, und es gibt in ihrer Publizistik ausführliche Darlegungen darüber, daß sie ihr sozialistisches Ziel innerhalb der geschichtlichen Bedingungen, welche die Realität der Bundesrepublik prägen, verwirklichen will und nicht anders. In der Auseinandersetzung mit den Berufsverboten haben zahlreiche betroffene Kommunisten gerade zu diesem Punkt immer wieder Stellung genommen. Vielleicht haben wir es in Wirklichkeit mit einem ganz anderen Problem zu tun: Die Kommunisten in der Bundesrepublik können noch so deutlich eigene Fehler der Vergangenheit, etwa aus den fünfziger Jahren, kritisieren, sie können sich noch so angestrengt und öffentlich bemühen, die Spezifik eines eigenen Weges der Bundesrepublik ausfindig zu machen, sie können – so auf ihrem vorigen Parteitag in Hannover – sich zur Alternativbewegung hin öffnen: wir kommen dann mindestens vorläufig zu dem Ergebnis, daß die Realität dieser Partei sich ganz entschieden rascher gewandelt hat als bestimmte Vorstellungen, die nach wie vor über sie bestehen.

Einigkeit dürfte dagegen wohl zwischen uns darüber bestehen, daß die Übereinstimmung der DKP mit friedenspolitischen Vorstellungen der sozialistischen Länder nichts Negatives zu sein braucht, sondern etwas Positives ist, dann nämlich, wenn diese Vorstellungen selbst vernünftig und aufrichtig sind. Positive Punkte im öffentlichen Urteil bringt das natürlich auch nicht. Aber diesen Schuh, sie verträten die Sicherheitsinteressen der anderen Seite, haben sich ja schon andere Leute – Wehner sogar, Bahr – anziehen lassen müssen. Da ist kaum ein Kraut dagegen gewachsen, es sei denn, man verleugnet eigene Positionen, um in anderen Positionen sogenannte Glaubwürdigkeit zu gewinnen.

Eine letzte Bemerkung: Versuchen wir uns doch einmal bitte an den Zustand der Friedensbewegung vor 1980 zu erinnern, in den ganzen Jahren seit etwa 1974. Im allgemeinen Urteil war „Friedensbewegung" damals ja nahezu bedeutungsgleich mit „kommunistische Tarnorganisation", so haben das viele gesehen. Denk' einmal an den Zirkus, den die SPD mit den Jusos 1977 wegen der Demonstration des „Komitees für Frieden, Abrüstung und Zusammenarbeit" veranstaltet hat. „Friedensbewegung" – das erschien damals vielen nur als eine Kombination aus Martin Niemöller und Herbert Mies. Darin spiegelt sich, daß die DKP sich bereits zu einer Zeit an Friedensaktionen beteiligt hat, als das noch gar nicht „in" war. Und tatsächlich haben die Kommunisten verstärkt seit 1978 die Alternativbewegung immer wieder darauf hingewiesen, daß die Rüstungsfrage zur Umweltfrage ganz wesentlich mit dazu gehört. Seit 1980 hat sich diese Ansicht dann weit über die DKP hinaus durchgesetzt, zum Glück. Wir haben jetzt eine große Friedensbewegung, die so groß ist, daß die Kommunisten in ihr eine kleine Minderheit darstellen. Das mag dazu führen, daß einigen Leuten seit Oktober 1981 der Kamm schwillt und sie meinen, ihr erster eigener Beitrag als Nichtkommunisten zur Friedensbewegung solle jetzt darin bestehen, die Kommunisten in dieser Friedensbewegung zu marginalisieren oder gar sie hinauszudrängen. Ich sehe darin allerdings keinen Grund zur Wehleidigkeit für die Kommunisten, sondern das hat ja eine sehr positive Ursache: Wenn die Friedensbewegung jetzt so massenhaft ist, daß die kleine DKP in ihr nur ein Minderheitsfaktor unter anderen ist, dann ist

das immerhin Ergebnis einer politischen Arbeit, an der die Kommunisten maß-
geblichen Anteil hatten.

W. A.: Natürlich ist es richtig, daß man, wenn man in der Friedensbewegung ar-
beitet, wissen muß, daß es Sicherheitsinteressen der sozialistischen Länder gibt.
Wenn ich hier die Kommunisten kritisiert und ihre früheren Fehler hervorgehoben habe, die ihre Minimalisierung mit herbeigeführt haben, so kommt allerdings eins hinzu: dauerhafte Minimalisierung einer Gruppe führt in vielen Verhaltensweisen dann auch zu äußerster, sozialpsychologisch fast unvermeidlicher
Verengung eigener Ausdrucks- und Verhaltensformen. Das ist der Tatbestand,
der auf die westdeutschen Kommunisten natürlich eingewirkt hat, auch nach der
Konstituierung der DKP. Und wenn man zum Beispiel deren Tageszeitung, die
UZ, regelmäßig liest, wie ich es tue, so kann man das auch terminologisch sehr
häufig verfolgen. Neben außerordentlich begrüßenswerter Aufarbeitung eigener
Geschichte – Du hast eben ein Beispiel mit Recht genannt – stehen ja auch andere
Erscheinungen terminologischer Art, die das eigene Aktionsfeld verengen. Ich
habe mit dem, was ich sagte, ja keineswegs die deutsche kommunistische Bewe-
gung als solche verurteilen wollen und bin durchaus der Meinung: gäbe es diese
Kommunisten nicht in der gegenwärtigen Friedensbewegung, dann würde dieser
ein zentral wichtiger Rationalisierungspunkt fehlen. Ihr Fehlen würde die Friedensbewegung dann keineswegs stärken, sondern insbesondere ihre operativen
Fähigkeiten ganz entschieden schwächen. Ich will in keiner Weise irgendeiner aggressiven Ideologie gegenüber der DKP oder den deutschen Kommunisten das
Wort reden, sondern ich will nur die gegenwärtige Lage charakterisieren. Und
nicht mehr!

K. F.: Wolf, müßte nicht zu einer notwendigen kritischen Auseinandersetzung
von Kommunisten mit der eigenen Geschichte und der eigenen Gegenwarts-
orientierung auch eine kritische Auseinandersetzung mit dem Ausmaß und den
Tendenzen der Rüstungsanstrengungen der Sowjetunion gehören? Ich denke da
zum Beispiel an die in der Friedensbewegung außerordentlich breit diskutierte,
viele andere Aktivitäten und Initiativen lähmende Frage der Aufstellung der
SS 20 - Raketen, von denen auch aus meiner Sicht nicht gesagt werden kann, daß
die Zahl, in der sie jetzt vorhanden sind, und die Schnelligkeit, mit der sie aufge-
stellt worden sind, aus einer rationalen Kalkulation der Abwehr- und Sicherheitsinteressen der Sowjetunion heraus verständlich ist. Dennoch gibt es keine kritische Diskussion über Rüstungsanstrengungen, rüstungspolitische Optionen und
Perspektiven der Sowjetunion in der kommunistischen Bewegung der Bundesre-

publik, jedenfalls nicht in öffentlicher Weise.

W. A.: Ich glaube, hier müssen wir eins voraussetzen: Grundsätzlich war die Rüstungsanstrengung der Sowjetunion immer eine Anstrengung des Nachzugs. Bei einer derartigen Rüstungsanstrengung und bei einer solchen Betonung des militärischen Apparates und in Abwehr sehr großer Gefahren, die jetzt vom Standpunkt der Sowjetunion aus notwendig war, entwickelt sich natürlich auch immer die Gefahr des Überziehens, einer Verselbständigung und Übersteigerung. Das soll man gar nicht verhüllen, das soll man auch offen bekennen. Nur: man muß hier das Verhältnis beider Machtblöcke zueinander sehen. Man darf nicht vergessen, daß bei dem ungeheuerlich großen atomaren Rüstungspotential, das in der Bundesrepublik aufgehäuft ist, selbstverständlich Gegenzugmaßnahmen der dadurch unmittelbar bedrohten Staaten notwendig waren. Das können wir objektiv gar nicht bestreiten. Und wir dürfen nicht vergessen, daß den Umfang dieses Potentials auch die heutige Sowjetunion durchaus zum Verhandlungsgegenstand gemacht hat und machen will.

F. D.: Ich wollte gern noch einen Punkt hineinbringen, der das Problem der Schwäche der Kommunisten in unserem politischen System betrifft. Zunächst einmal scheint es mir so, daß ein starker Rückgang des Einflusses von kommunistischen Parteien auch in anderen westeuropäischen Ländern zu beobachten ist. Wenn ich zum Beispiel an England denke, ist die Kommunistische Partei Großbritanniens in den letzten 14 Jahren weit hinter dem Mitgliederstand der DKP zurückgeblieben. Gleichzeitig kann man von der britischen Kommunistischen Partei sicher sagen, daß verschiedene Punkte, die Du genannt hast, aus der historischen Tradition und historischen Bindung der westdeutschen Kommunistischen Partei für England nicht zutreffen. Also offensichtlich wirken hier doch Faktoren auf die Rolle und die Entwicklungsmöglichkeiten der Kommunisten in den einzelnen Ländern ein, die nicht unmittelbar und ausschließlich mit deren subjektivem Verhalten erklärbar sind.

W. A.: Das habe ich nie behauptet!

F. D.: Zweitens. Als Du über die Geschichte der Gewerkschaften, der Sozialdemokratie und der Friedensbewegung in der Bundesrepublik gesprochen hast, hast Du als wesentliche Ursache für den Mangel einer demokratischen und sozialistischen Kontinuität im Massenbewußtsein immer wieder die Zerstörung von

105

Klassenbewußtsein in breiten Arbeitermassen hervorgehoben. Steht das nicht auch in Verbindung mit der Enge des Handlungsfeldes, das die Kommunisten in unserer Gesellschaft haben?

Schließlich: wenn wir uns noch einmal der Kontinuitätsproblematik der Friedensbewegung in der Bundesrepublik zuwenden, so hast Du doch darauf hingewiesen, daß das über weite Strecken immer wieder ausschließlich eine Kontinuität von Kadern gewesen ist. Ist es denn nicht so, daß zu diesen Kadern neben anderen Gruppierungen der Linken und von anderen Restgruppen der Arbeiterbewegung auch die Kommunisten gehört haben und gehören? Das betrifft im übrigen ja nicht nur die Friedens- und Entspannungspolitik, sondern auch eine aktive Gewerkschaftspolitik, antiimperialistische Solidarität und jenes Maß an Kontinuität von Klassenbewußtsein, das durch diese Kader vermittelt wurde.

W. A.: Ich sehe das keineswegs anders. Die Kommunisten haben in dieser Beziehung sehr viel geleistet, haben geholfen, daß nach Niederlagen der Friedensbewegung wie der Arbeiterbewegung immerhin Reste von Bewußtsein stabilisiert werden konnten. Aber sie haben das mit vielen Fehlern und Verrenkungen geleistet, die sie trotz ihrer positiven Arbeit einer Kontinuitätsherstellung über Kader gleichwohl nicht zu einem in starkem Maße wirksamen Faktor haben werden lassen.

Was Du über den Vergleich der Mitgliederstärken der kommunistischen Parteien in der Bundesrepublik und in Großbritannien sagst, ist richtig. Eine ähnliche Mobilisierung antikommunistischen Bewußtseins, die sich in der Bundesrepublik in dem wiederholten Versuch zeigt, Kommunisten in ihren gewerkschaftlichen Mitgliedsrechten zu beeinträchtigen, hat es in Großbritannien nie gegeben. Dort spielt die Kommunistische Partei zweifellos bei der Linksentwicklung der Labour Party und in der Gewerkschaftsbewegung zwar eine zahlenmäßig geringere Rolle als einzelne Gruppen, die auch ihrer Mentalität nach Sekten sind; ich meine da vor allem die Trotzkisten. Immerhin aber haben die Kommunisten bei der Willensbildung in der Gewerkschaftsbewegung und von da aus in die Labour Party hineinwirkend dort eine größere Bedeutung als hier in Westdeutschland. Das ist ein Tatbestand, der einfach vorliegt. Ich will ihn gar nicht bewerten.

Ich sage auch nicht, daß die Theorie, die Kommunisten seien eine bloße Verlängerung dessen, was gerade in der UdSSR oder in der DDR geschieht, richtig ist. Aber es gibt Mentalitäten erstens in der deutschen Bevölkerung, die diesen Glauben vermitteln, und es gibt zweitens in der Kommunistischen Partei in der Bundesrepublik auch Restmentalitäten, die diesen Glauben immer wieder dem äußeren Anschein nach bestätigen. Durch die lange Isolierung gibt es Mentalitäten innerhalb der DKP, die der Verengung potentieller Einflußnahme auch dann Vorschub leisten, wenn Genossen ansonsten sehr viel leisten. Derartige Gefahren bestehen immer wieder.

G. F.: Nehmen wir einmal an, dieses Problem der Mentalitätsdeformierung durch Isolation gäbe es wirklich. Dann folgt für mich daraus die Frage, ob das denn tatsächlich nur ein Problem der DKP ist, oder ob – wenngleich in anderer Weise – nicht doch auch die konsequenten Sozialisten in der SPD und konsequente nichtkommunistische Sozialisten in der Gewerkschaftsarbeit dieses Problem haben. Die sind in ihren Organisationen ja durchweg ebenfalls in einer grotesken Minderheitssituation und oft auch Isolierung. Die DKP hat sich als eigene Organisation konstituiert und muß den Außendruck aushalten, der daraus folgt. Das mag psychische Auswirkungen haben. Die konsequenten sozialistischen Genossen in der SPD und in der Gewerkschaftsarbeit haben eine andere Konsequenz gezogen, indem sie versuchen, ihre Position über diese Organisationen und durch deren Filter dennoch wirksam zu machen. Über die Auswirkungen, die das auf ihre Mentalität hat, könnte ich allenfalls spekulieren, aber es interessiert mich nicht sehr. Darüber, ob das langfristig der wirksamste Weg ist, werden wir wahrscheinlich auch unterschiedlicher Meinung sein. Ich finde es nur falsch, wenn wir ein gemeinsames Problem, nämlich das der Isolierung und ihrer Rückwirkungen auf die Sozialisten selbst und ihre Effektivität, nur an einer einzigen Gruppe, nämlich den Kommunisten, sichtbar machen wollten. Wenn wir tatsächlich als Sozialisten innerhalb und außerhalb der DKP oder der SPD einmal eine Input-Output-Analyse unserer Organisationsentscheidung machen würden, gemessen an unseren Zielen, dann kämen wir, so vermute ich, wohl zu einem ziemlich ähnlichen Ergebnis.

C. J.: Ich teile die Auffassung, daß das nicht nur ein DKP-Problem, sondern ein Problem innerhalb der sozialistisch-demokratischen Diskussion insgesamt darstellt. Ich will nur auf einen Aspekt aufmerksam machen: Wenn von der Isolierung der Kommunisten die Rede ist, dann hat diese Isolierung sehr viel damit zu tun, daß die nichtkommunistischen Sozialisten in der Geschichte der Bundesrepublik den Kommunisten eine historische Bürde und Argumentationslast weitgehend überlassen haben: es gibt innerhalb der Sozialdemokratischen Partei kaum genügend Anstrengungen, darauf hinzuweisen, daß nicht etwa die Sowjetunion das „Dritte Reich" überfallen hat, sondern daß, umgekehrt, das Überfallenwerden die Entstehungsjahrzehnte der Sowjetunion kennzeichnete. Entsprechend verhält es sich mit der Problematik der sowjetischen Rüstung, die bei den demagogischen Verzerrungen des Antikommunismus eine so große Rolle spielt. Da überlassen wir häufig den Kommunisten allein eine Argumentationsarbeit, die sie, weil sie dabei wenig Unterstützung haben, zusätzlich isoliert. Ein weiterer Punkt der „Isolation wider Willen" liegt im Beharren auf der Kontinuität zur Zeit des Widerstandes gegen das „Dritte Reich", die – im Unterschied zu anderen – von Kommunisten besonders betont wird. Ich denke, daß diese Punkte nicht außer acht gelassen werden dürfen, denn wir können nicht nur von dieser Isolierung und ihren Folgen, sondern müssen auch von deren Ursachen reden.

W. A.: Ich kann nur sagen: Keine Differenz zu dem, was Ihr beide eben gesagt habt. An diesem Beispiel können wir ein Gefährdungsproblem erkennen, das sich immer wieder in jeder Rückschlagsphase einer großen Bewegung, auch der Friedensbewegung, ergibt, nämlich die generelle Gefahr der gegenseitigen fraktions- und sektenmäßigen Verhärtung. Diese Gefahr reproduziert sich in der ganzen Geschichte der Arbeiterbewegung in jeder fraktionellen Auseinandersetzung und immer wieder am stärksten natürlich in Niederlagenphasen. Bei organisatorischer Abschnürung verschiedener Gruppen gegeneinander ist diese Gefahr besonders groß. Eben deshalb trete ich in aller Schärfe gegen jede Isolierung der deutschen Kommunisten in der Friedensbewegung oder in der Gewerkschaftsbewegung auf. Und eben deshalb würde ich auch bei jeder anderen Gruppierung gegen eine Isolierung und sozusagen ein Abschneiden der Diskussionschance auftreten. Denn große soziale Bewegungen können sich ohne solche Kerne, die lernen müssen zu kooperieren, gar nicht auf Dauer entwickeln. Die Kooperationsfähigkeit ergibt sich nicht aus der bloßen strategischen Einsicht, sondern muß sich jeden Tag neu in der Praxis im kameradschaftlichen Zusammenwirken wieder aufbauen.

G. M.: Wir sprechen von der Schwäche der Kommunisten in der Bundesrepublik – Schwäche aus Isolierung, Isolierung aber auch durch Berufsverbot, dem Mitglieder der DKP in bedeutend größerem Umfang ausgesetzt sind als Angehörige anderer linker Gruppen (dies gilt nicht nur für den öffentlichen Dienst). Die Schwäche ist also nicht nur aus partei- und organisationsimmanenten Faktoren herzuleiten, sondern ist natürlich auch Resultat des massierten Außendrucks. Sowohl die bürgerliche öffentliche Meinung wie die Bundestagsparteien unterscheiden ja, nachdem ihnen die politische Isolierung der gesamten Friedensbewegung, die sie zuerst versucht haben, mißlungen ist, sorgfältig zwischen guten und schlechten Friedensfreunden. Die schlechten Friedensfreunde sind die Mitglieder der DKP, die guten sind die Nichtkommunisten. Hier sollen also künstlich

Keile in die Friedensbewegung hineingetrieben werden, und deren Aufgabe wird vorrangig auch darin bestehen, solche Keile und Aufspaltungen nicht zuzulassen.

W. A.: Durchaus richtig. Und dabei müssen alle anderen Gruppierungen neben den Kommunisten eines wissen: wenn heute die Kommunisten isoliert werden und die Prügel beziehen, so sind sie morgen unvermeidlich selbst dran.

10. Die Haltung der Arbeiterklasse zur Friedensfrage

G. M.: Gegenstand dieses Diskussionsabschnitts soll nicht sein: „Arbeiterbewegung und Friedensbewegung", sondern: „Arbeiterklasse und Friedensbewegung". Du hast ausgeführt, daß die Arbeiterklasse objektiv das ernsteste Interesse an Abrüstung, Frieden und Friedenssicherung haben müsse. Wenn man sich die Verhältnisse in der Bundesrepublik anschaut, muß man aber doch noch eine relativ geringe Mobilisierung der westdeutschen Arbeiterklasse in der Friedensfrage feststellen. Fragt man nach den Ursachen, so stößt man auf eine Vielzahl von Faktoren mit aktivitäts- und bewußtseinshemmenden Wirkungen. Ich zähle einige dieser Faktoren auf:

● Angesichts der schweren wirtschaftlichen Krise, des einschneidenden Lohn- und Sozialabbaus, der Inflation und besonders der Arbeitslosigkeit (die in zahlreichen traditionellen Arbeiterzentren – etwa des Ruhrgebiets – schon 10 Prozent der erwachsenen Bevölkerung erfaßt hat) sind die Arbeiter mit „näherliegenden" Problemen befaßt als mit der Friedensfrage: mit Problemen der Sicherung des materiellen Lebensniveaus, der Verhinderung einer Pauperisierung und Marginalisierung, der Suche nach Erwerbs- und Nebenerwerbsmöglichkeiten. Während die Arbeiter für die Abwehr von Betriebsschließungen und den Erhalt ihrer Arbeitsplätze teilweise sehr entwickelte Kampfformen – bis hin zu Streiks und zeitweiligen Betriebsbesetzungen – anwenden, ist ihr Engagement in der Friedensfrage, so scheint es, weniger ausgeprägt.

● Es ist kaum ein Ende der krisenhaften Entwicklung in Wirtschaft und Gesellschaft abzusehen – so entsteht eine „Kein-Land-in-Sicht-Krise" und damit Resignation.

● Vor dem Hintergrund verbreiteter Arbeitslosigkeit kann das Argument: „Rüstung schafft Arbeitsplätze" Boden gewinnen, obgleich es sowohl für die USA wie für die Bundesrepublik in verschiedenen Untersuchungen widerlegt worden ist. Der Gedanke, daß gerade Abrüstung bedeutende Mittel für die Befriedigung gesellschaftlicher Bedürfnisse, für die Verbesserung von Sozialeinrichtungen, für Rentenaufbesserung und Arbeitszeitverkürzung freisetzen könnte, ist bislang noch nicht weit genug verbreitet.

● Der Kern der Industriearbeiter zahlreicher wichtiger Fertigungsbetriebe besteht zu nicht geringen Teilen aus Ausländern, die aufgrund ihrer sozialen Herkunft und Bewußtseinslage, ihrer Angst vor Arbeitsplatzverlust und Ausweisung sich für Friedensprobleme nicht unmittelbar interessieren. Zwist zwischen Deutschen und Ausländern – von rechten Medien und Organisationen mit Bedacht geschürt – verhindert oft gemeinsame Aktionen, ebenso die verbreitete Meinung, die „Ausländer nähmen unsere Arbeitsplätze weg".

● Der gerade in der Krise beschleunigte Rationalisierungsdruck und wissenschaftlich-technische Fortschritt führt zu einer raschen und massenhaften Entwertung traditioneller beruflicher Qualifikationen und Fertigkeiten, was zu Identitäts- und Bewußtseinskrisen führt und auch politische Unsicherheiten und Orientierungslosigkeiten erzeugt. Dies ist auch ein Grund für die tiefgreifende Krise der Arbeiterkultur in der Bundesrepublik und zugleich ein Ansatzpunkt für die Massenwirksamkeit der herrschenden Ideologien, der traditionellen Feindbilder, des Antikommunismus.

● Die unmittelbare Arbeitsplatzsituation zahlreicher Industriearbeiter ist nach wie vor schlecht. In der Bundesrepublik gibt es derzeit über 3 Millionen Schicht- und Nachtarbeiter; die Zahl der durch Lärm, Staub, Hitze, Gift- und Schadstoffe stark beeinträchtigten Arbeiter liegt noch weit höher. Die Häufigkeit von (gemeldeten und nichtgemeldeten) Arbeitsunfällen ist nach wie vor hoch. Auch diese Faktoren sind ein wesentlicher Hemmschuh für die Bewußtseinsentwicklung.

● Die Informations- und Kulturmöglichkeiten gerade für die Arbeiter der Großindustrie, den Kern der Arbeiterklasse, sind geringer als für andere Bevölkerungsgruppen (Teile der Angestellten, der Intelligenz). So können die herrschenden Ideologien stärker durchschlagen, wohingegen die Argumente der Friedensbewegung zunächst nur mit großen Vorbehalten aufgenommen werden.

● Bei älteren, mit der Arbeiterbewegung verbundenen Arbeitern mag das Gefühl der mangelnden politischen Erfolgsaussichten verbreitet sein: die Remilitarisierung konnte in den fünfziger und sechziger Jahren nicht aufgehalten werden – wie kann man dann die neuen Atomraketen verhindern? Mögliche Resultate dieses Denkens: politische Resignation, Wahlabstinenz, Austritt aus der SPD, Rückzug in Privatheit oder, falls dies materiell noch möglich ist, in eine bescheidene Konsumwelt.

● Bei einigen jüngeren Arbeitern und Angestellten mögen vor dem Hintergrund der Arbeitslosigkeit und der mangelnden Zukunftsperspektiven die Tendenzen zum „Aussteigen" an Boden gewinnen, wodurch weder die Arbeiter noch die Friedensbewegung gestärkt wird.

● Die Bereitschaft, sich auch nur in der Gewerkschaft zu organisieren, ist auch in (oder gerade wegen) der gegenwärtigen Wirtschaftskrise nicht gewachsen. Nur knapp die Hälfte der Arbeiter und knapp ein Viertel der Angestellten ist in einer Gewerkschaft organisiert.

● Das Argument, die Lohn- und Lebensverhältnisse der Arbeiter seien doch noch erträglich und „woanders sei alles noch viel schlechter", mag zumindest bei Nicht-Arbeitslosen Verbreitung finden. Nachweisbar ist, daß das Lebensniveau der Arbeiterklasse in der Bundesrepublik höher ist als in zahlreichen anderen kapitalistischen Ländern. Aber durch eine nationalistische Überhöhung führt dieses – von der Bundesregierung immer wieder gern vorgebrachte – Argument zu verstärkten Bindungen an den gesellschaftlichen status quo, zur Verhinderung der Suche nach gesellschaftlichen und politischen Alternativen; das behindert auch die Friedensbewegung.

● Die sozialistischen Länder werden von den weitaus meisten Arbeitern nicht als Staaten betrachtet, in denen die dortige Arbeiterbewegung politische Macht ausübt. Die aktuelle krisenhafte Entwicklung in Polen verstärkt dieses Bewußtsein noch. Der sichtbare individuelle Lebensstandard ist in Osteuropa eindeutig niedriger als in der Bundesrepublik (die weniger sichtbaren, oftmals besseren Sicherungen des Sozialsystems, des Gesundheits-und Arbeitsschutzes werden, wenn sie überhaupt bekannt sind, oft als nicht wesentlich oder ausschlaggebend für die Bewertung des Gesellschaftssystems eingeschätzt). Viele denken: die bestehenden sozialistischen Länder sind keine Alternative, zumal sie ihrerseits auch viel rüsten. Und so besteht wenig Neigung, den Befürwortern einer weiteren Aufrüstung der Bundesrepublik aktiv entgegenzutreten.

Soweit einige mögliche Gründe für die Distanz der Masse der Arbeiterklasse den Argumenten und Aktionen der Friedensbewegung gegenüber. Und nun die Fragen: Wie schätzt Du die Wirksamkeit dieser Faktoren im einzelnen ein? Wirken sie nur kurz- oder auch mittel- und längerfristig? Was kann die Friedensbewegung tun, damit ihre Argumente unter Arbeitern und Angestellten, auch unter den gewerkschaftlich und politisch nicht organisierten, weitere Verbreitung finden?

W. A.: Die Faktoren, die Du aufgezählt hast, gibt es alle, ebenso auch das Zusammenwirken dieser Faktoren. Übrigens führt das in der Arbeiterklasse nicht notwendig zu einer politischen Identifikation mit der Aufrüstungspolitik der Bundesregierung oder mit der CDU/CSU, sondern im allgemeinen „nur" zu einem apathischen Verhalten gegenüber politischen Fragen insgesamt, das nur periodisch durch den Wahlakt durchbrochen wird, aber auch das mehr oder minder zufällig und dann auch lediglich durch traditionelle (aber sich langsam mindernde) Bindungen an die SPD bei der Mehrheit der industriellen Arbeiter bedingt. Das ist richtig. Ich glaube, alle diese Faktoren spielen ihre Rolle, und viele von ihnen haben eine relativ erhebliche Permanenz. Die relative Permanenz der Angst vor

Arbeitsplatzvernichtung durch Ausschaltung der Kriegsproduktion ist allerdings am geringsten, weil ja in der westdeutschen Wirtschaft die Kriegsproduktion erst sehr spät wieder eine gewisse Rolle spielt.

C. J.: Immerhin ist sie im Laufe der letzten 15 Jahre so kräftig gewachsen, daß unmittelbar rund 220000 Arbeiter im direkten Rüstungsproduktionsbereich beschäftigt sind. Und unmittelbar damit gekoppelt ist die politisch und ideologisch ungeheuer wichtige Frage des Rüstungsexports, die ja ständig auch als ideologische und ökonomische Waffe eingesetzt wird, um ein aktivierbares oder aktives Friedensbewußtsein niederzuhalten.

W. A.: Zugegeben, nur beschränkt sich ja dieses Hindernis im allgemeinen auf die davon unmittelbar betroffenen, abhängig Arbeitenden und greift kaum darüber hinaus. Bei dieser Schicht ist nun die bewußtseinsmäßige Identifikation mit dem Scheinargument, Rüstung sichere Arbeitsplätze, relativ groß. Das haben wir z.B. in der IG Metall bei entsprechenden Gegenaktionen aus solchen Betrieben heraus zur Kenntnis nehmen müssen. Aber ich glaube, daß dieses Hindernis dort durch systematische Arbeit eingeschränkt werden kann. Und ich halte es für gut, daß zum Beispiel die Möglichkeit einer Alternativproduktion nicht nur wissenschaftlich dargestellt, sondern auch in die Betriebe hineingetragen wird. Das ist bei uns erst punktuell gelungen.

Man kann also einiges tun, um diese Stufe zu überwinden. Die generelle Apathiestufe, die durch die anderen Faktoren bedingt ist, ist schwieriger zu überwinden als dieses Hindernis; dies dürfte speziell für die mittlere Generation der arbeitenden Bevölkerung (sowohl der industriellen Arbeiterklasse als auch der Angestelltenschichten) gelten. Diese verbreitete politische Apathie zeigt sich zum Beispiel darin, daß in der SPD der industrielle Arbeiter als Funktionär, wenn man vom Ruhrgebiet absieht, unter Minderheitenschutz gestellt werden muß. Diese Apathie ist außerordentlich stark und ihrerseits die Konsequenz einmal der generellen Mentalitätsfaktoren der westdeutschen Gesellschaft nach der Überwindung des Faschismus und nach dem nur kurzfristigen Erwachen eines antifaschistischen Bewußtseins, das dann durch Währungsreform und Restauration rasch wieder zurückgedrängt wird, und sodann natürlich eine Konsequenz der langen wirtschaftlichen Aufschwungsperiode, in der sich das sozialpartnerschaftliche Denken der „sozialen Marktwirtschaft" vom Standpunkt der Massen dieser Generation aus ganz einfach dem Scheine nach bestätigt sah.

F. D.: Vielleicht könntest Du einmal entwickeln, wie sich das Apathieproblem in der Geschichte der Arbeiterbewegung einzelner Länder dargestellt hat. Es handelt sich dabei ja nicht um ein neues Problem. Oft haben wir über ganze Perioden hinweg eine, um es bildhaft auszudrücken, schlafende oder eingeschläferte Arbeiterklasse. Oft verfällt nach schweren Niederlagen oder harten Verfolgungsperioden die Bereitschaft zu politisch-gesellschaftlicher Aktivität. Könntest Du vielleicht ein Beispiel dafür nennen, wie eine solche Phase der Apathie umschlägt in eine Phase gesteigerter Mobilisierung und Aktivität? Welche Faktoren – die man natürlich nie einfach in die Gegenwart übertragen kann, die man aber kennen muß – spielen in solchen Umbruchsphasen eine Rolle?

W. A.: Nun, in der deutschen Arbeiterbewegung haben wir ein weitgehend apathisches Bewußtsein nach der Niederlage der Revolution von 1848, das erst zu Beginn der sechziger Jahre des vorigen Jahrhunderts wieder langsam abklingt und überwunden wird, aber auch das zunächst nur in kleinen Kadern. Das führt 1863 und 1869 zur Gründung der beiden sozialdemokratischen Parteien und zur Entwicklung der Hirsch-Dunckerschen Gewerkschaftsanfänge in Richtung auf freie Gewerkschaften. Dann, in einer Wiederaufschwungsphase der industriellen Entwicklung, erscheint das Bewußtsein wieder weitgehend eingeschläfert. Das führt sogar so weit, daß zunächst Wilhelm Liebknecht und August Bebel 1870 in der Frage der Abstimmung zu den Kriegskrediten im Norddeutschen Reichstag gegenüber ihrer eigenen Organisation isoliert waren und diese Isolierung nach der Gefangennahme Napoleons III. erst wieder durchbrechen müssen. Nach der Gründung des Deutschen Reiches 1871 setzt sich zunächst, nämlich in der Aufschwungsperiode der Gründerjahre, dieses apathische Bewußtsein auf der politischen Ebene fort, um dann in umgekehrter Entwicklung, sozusagen als Spiegelbild der Entwicklung der sechziger Jahre, langsam wieder zu verschwinden in der Periode des krisenmäßigen Rückfalls nach der „Gründerzeit", nämlich aus der Notwendigkeit heraus, primitivste Lebenshaltungsbedingungen, die man bereits erkämpft hatte, zu verteidigen.
Derartige Entwicklungen haben wir auch in anderen Ländern gehabt. Wir beobachten ein ähnliches, wenn auch kurzfristiges apathisches Verhalten der französischen Arbeiterklasse nach der Niederschlagung der Pariser Commune 1871. Es wird dann wieder durchbrochen in einer Krisenperiode, aus dem Zwang heraus, bereits erreichte Lebenshaltungsminima, die natürlich in einer Krise angegriffen werden, wiederum zu schützen. Derartige Schwankungen gibt es immer wieder und in allen industrialisierten Staaten.

F. D.: Ich möchte in die Gegenwart zurückführen und einen anderen Gedanken entwickeln. Ich kann Deine These von der Apathie der westdeutschen Arbeiterklasse so global nicht akzeptieren. Ich setzte dagegen die These, daß der Höhepunkt dieser Apathie – bedingt durch den Kalten Krieg, die Restauration und den wirtschaftlichen Aufschwung in der Bundesrepublik, durch die entsprechenden Anpassungsprozesse in der sozialdemokratischen Arbeiterbewegung, das Verbot der KPD etc. – bereits Mitte/Ende der sechziger Jahre überschritten wurde. Seit dem Ende der sechziger Jahre bemerken wir eine Veränderung (wir nehmen ja immer auch an ihr praktisch teil!), die nicht nur die Rolle der Intelligenz und ihr politisches Selbstverständnis betrifft, sondern wir bemerken zugleich eine Entwicklung von Ansätzen eines aktiven gewerkschaftlichen Bewußtseins, von Kampffähigkeit und -bereitschaft in der Arbeiterklasse – natürlich nur bei Teilen der Arbeiterklasse, vor allem bei jüngeren Arbeitern, Angestellten und Gewerkschaftern. Mit dem Eintritt in eine Periode längerer kapitalistischer Depression und Stagnation beobachten wir aber auch eine Veränderung der politischen Kräftekonstellationen in den Gewerkschaften. Nehmen wir nur die neueren Auseinandersetzungen innerhalb der Einzelgewerkschaften und auch innerhalb des DGB. Diese sind doch auch Ausdruck der Tatsache, daß sich ein aktiver Kern in der Arbeiterklasse entwickelt hat – dieser verfügt über Kampferfahrung aus den sozialen und politischen Auseinandersetzungen des letzten Jahrzehnts, hat sein historisches und gesellschaftliches Wissen durch die gewerkschaftliche Bildungsarbeit vertieft, hat in gesellschaftspolitischen Fragen meist ein sozialdemokratisches Bewußtsein, aber – und das ist wohl ein wichtiger Punkt – gerät ständig in Kollision mit der herrschenden Linie der Regierungspolitik. Die Rechtsverschiebungen in den Gewerkschaften, die Kampagnen zum Thema „kommunistische Unterwanderung", auch die Geschichtsdebatte über unser Gewerkschaftsbuch – all das erscheint in diesem Zusammenhang auch als eine Reaktion auf diese Veränderungen in den Bewußtseinsprozessen der Arbeiterklasse, die zum Teil Ergebnis von Lern- und Kampfprozessen sind, aber natürlich auch einen Reflex auf grundlegende Strukturkrisen des kapitalistischen Systems darstellen. Man kann doch die Teile der Arbeiterklasse, die im vergangenen Jahrzehnt an den Auseinandersetzungen und Kämpfen um die Sicherung der Lebensbedingungen, gegen Aussperrung, gegen Betriebsstilllegungen usw. teilgenommen haben, nicht als Kader bezeichnen.

W. A.: Im großen und ganzen stimme ich Dir zu. Deshalb bin ich auch der Ansicht, daß die Verengung und das Ende der bloß kompromißhaften Sicherungsmöglichkeiten des materiellen Lebenshaltungsniveaus in der Aufschwungsperiode der kapitalistischen Wirtschaft in der Bundesrepublik auch das Ende dieser apathischen Phase mit bewirken. Übrigens gibt es ja auch Beispiele, die das erhärten. Nach der Rezession von 1966/67 müssen durch eine Reihe von spontanen Streiks – sicher nicht durch Kader herbeigeführten Streiks – erst die Gewerkschaftsbürokratien wieder in Bewegung gesetzt werden, um die kommende Konjunkturperiode auszunutzen. Das ist damals weitgehend gelungen, wenn es auch noch nicht zu einer dauerhaften Veränderung des politischen Bewußtseins geführt hat.

In einer Periode wie der gegenwärtigen, in der die tägliche Entwicklung zeigt, daß auch der Arbeitsplatz nirgends mehr als dauerhaft gesichert erscheinen kann, gerät ein überliefertes apathisches Bewußtsein und Verhalten ständig in neue Gefährdungen hinein. Die notwendigen bewußtseinsmäßigen Veränderungen, die sich nun vollziehen müssen, sind nur möglich, wenn man auch Arbeitermassen – nicht nur „Vorhutgruppen" der betrieblichen Vertrauensleute – in wirkliche Kampfsituationen hineinführt. Und eben deshalb halte ich die von der IG Metall Ende 1981 in Stuttgart organisierte Massendemonstration, bei der auch zentrale Forderungen der Friedensbewegung – Abrüstung, Verwendung der freiwerdenden Mittel für soziale Zwecke und für die Lösung der drängenden Probleme der „Dritten Welt" – formuliert wurden, für außerordentlich wichtig. Für die Abwehr der sozialen Deklassierung von Teilen der arbeitenden Bevölkerung durch die Verschärfung der Zumutbarkeitsregelungen der Bundesanstalt für Arbeit und der immer weiter um sich greifenden Arbeitslosigkeit, von der nunmehr auch breite Schichten qualifizierter Betriebsarbeiter unmittelbar bedroht werden, ist es von entscheidender Bedeutung, daß man nicht bei Erklärungen von Vorständen verbleibt, sondern zu Aktionen gelangt, an denen breite Schichten beteiligt werden.

K. F.: Es ist jetzt eine ganze Kette von Bedingungen für die politische Demotivierung und Apathie großer Teile der Arbeiterklasse genannt worden. Gerade unter den Bedingungen der Bundesrepublik muß man aber einen Punkt noch sehr viel stärker hervorheben: nämlich das in früheren Perioden kaum in diesem Ausmaß zu konstatierende Fehlen theoretischer Orientierung der Arbeiterklasse – denken wir nur an den beinahe vollständigen Verlust massenrelevanter, gewerkschaftlich orientierter, gesellschaftspolitisch progressiver Presse. Wir haben es doch – auch im Hinblick auf die Auseinandersetzung um Rüstung und Frieden – mit einer öffentlichen Bewußtseinslandschaft zu tun, in der alle möglichen Verdrängungsmechanismen sozusagen industriell aufbereitet und massenwirksam präsentiert werden, in der harmonistische und konfliktabweisende Mechanismen wirksam sind, in der dem Individuum die Schuld an gesellschaftlichen Mißständen zugewiesen wird und in der derjenige, der den Scheinfrieden der Gesellschaft dadurch stört, daß er sagt: wir werden von Rüstung bedroht, selber als Erzeuger von Bedrohung angesehen wird. Wäre es da nicht eine notwendige Bedingung für die Entwicklung von Klassenbewußtsein, daß wieder eine massenrelevante, demokratische und linke Presse entsteht, die dem Gemisch von Werbefernsehen, Schwarzem Löwenthal-Kanal und Bild-Zeitung entgegenwirkt?

W. A.: Ohne jeden Zweifel! Was noch für die Arbeiterbewegung der Weimarer Republik entscheidend war, nämlich eine breit gestreute, täglich erscheinende lokale Arbeiterpresse, wurde nach 1945 nicht wieder aufgebaut. Teilweise wurde wegen neuer technologischer Entwicklungen im Medienbereich darauf verzichtet. Dieser Gesichtspunkt ist außerordentlich relevant für den Mechanismus der Rückbildung von Arbeiterbewußtsein, wie er in der Bundesrepublik dann stattgefunden hat. Es bedarf ohne Zweifel der Gegenwirkung. Aber man darf auch einen anderen Aspekt nicht übersehen: Die Aufrechterhaltung der politischen Abstinenzreaktion größter Teile der Arbeiterklasse, wie sie sich aus der Geschichte der Bundesrepublik ergibt, wäre zudem nicht ohne den Tatbestand möglich gewesen, daß auch für das Bewußtsein des Gewerkschaftsmitgliedes – nicht nur der nichtorganisierten Teile der Arbeiterklasse – die Gewerkschaften langfristig als bloße Sozialleistungsbehörden galten, als Dienstleistungsfirmen gleichsam, bei denen sie selbst nicht aktiv zu werden brauchten. Die Gewerkschaften wurden als ein Dienstleistungsbetrieb wie jeder andere angesehen. Er produziert die Tarifverträge und erreicht soziale Verbesserungen auf gesetzlichem Wege. Das eigene Eingreifen, um diesen Prozeß in Gang zu halten, wurde nur als eine Randerscheinung angesehen. Man kann ja an den Streikstatistiken sehr genau verfolgen, daß die Streikhäufigkeit in der Bundesrepublik weit unter den Werten anderer westeuropäischer Länder gelegen hat.

F. D.: Um noch einmal auf unser Kernproblem zurückzukommen: Was könnte die Friedensbewegung tun, um sich stärker im Kern der Arbeiterbewegung zu verankern?

W. A.: Die Friedensbewegung verfügt hier durchaus über Möglichkeiten. Dies gilt gerade für die gegenwärtige Situation der ständigen Kürzungen von Sozialleistungen zur Balancierung des Bundeshaushaltes – ein Problem, das über den Bundeshaushalt für 1983 hinaus längerfristig bestehen bleibt; denn es steht in Verbindung mit dem Tatbestand von wirtschaftlicher Krise und Stagnation. Wir behalten auch unzweifelhaft einen „Bodensatz" von permanenter, strukturell bedingter Erwerbslosigkeit, der selbst dann bleibt und sogar steigt, wenn die konjunkturell bedingte Erwerbslosigkeit zurückgeht. Und in dieser Situation könnte die Friedensbewegung dadurch, daß sie die Dauerbelastung der öffentlichen Haushalte durch den zu absurden Dimensionen aufgeblähten Rüstungsetat und die zahlreichen indirekten Ausgaben und Subventionen für Rüstungszwecke als Diskussionsthema ständig in die Gewerkschaftsbewegung hineinträgt, hier sehr viel bewirken, auch zur Aktivierung der täglichen gewerkschaftlichen Arbeit. Friedensbewegung und Gewerkschaftsbewegung sind beide objektiv aufeinander angewiesen und können ihre zentralen Ziele nicht durch Isolierung voneinander, sondern nur in gemeinsamen Aktionen erreichen.

11. Deutsche und europäische Perspektiven

K. F.: Wir haben an verschiedenen Punkten unseres Gesprächs das Problem berührt, wie die Friedensbewegung herausgeführt werden kann aus der Sackgasse, daß sie sich viel zu stark auf den einen Punkt, den Brüsseler Beschluß, konzentriert. Denn daraus erwächst die große Gefahr, daß sie wieder einschläft: entweder dann, wenn es gelingt, diesen undurchführbar zu machen, oder dann – was wahrscheinlicher ist –, wenn diese Raketen auf mitteleuropäischem, insbesondere bundesdeutschem Territorium stationiert sind. Es muß also darum gehen, dieser Bewegung eine geschichtliche Dimension und Perspektive zu geben. Im Zentrum steht dabei wohl die Frage, was einerseits von den beiden deutschen Staaten je für sich oder gemeinsam und was andererseits im mitteleuropäischen Bereich getan werden könnte.

Kann und sollte es aus Deiner Sicht im Konzept einer europäischen Friedenspolitik das geben, was man seit einigen Monaten verstärkt als „deutsche Sonderrolle" diskutiert: die Möglichkeit einer Klammerfunktion oder einer Kernfunktion Deutschlands in seinen Teilen oder gemeinsam für eine Abwendung der immer stärker anwachsenden Kriegsgefahr? Eines der Stichworte, die dabei fallen, ist die von Robert Havemann angeregte einheitliche Friedensinitiative in Bundesrepublik und DDR. Wie siehst Du die Chancen oder die Gefahren bei einer solchen Tendenz?

W. A.: Eine Sonderrolle beider deutschen Staaten ist in gewissen Grenzen möglich, denn beide deutschen Staaten sind in Europa von der Kriegsgefahr am unmittelbarsten bedroht und haben insofern ein auch den Massen unmittelbar einsichtiges gemeinsames Interesse – die Kriegsverhütung. Nur darf man diese Möglichkeit nicht überschätzen. Beide deutschen Staaten sind eingebunden in ihre Bündnissysteme, und beide deutschen Staaten haben zur Zeit nicht die Möglichkeit des einfachen Austritts aus diesen. Hinzu kommt der überaus belastende Tatbestand, daß die Bundesrepublik Deutschland ein rüstungspolitisch entscheidendes Potential durch die Akkumulation atomarer und chemischer Waffen der USA darstellt. Man kann diesen Tatbestand nur verändern, wenn man den Druck der Friedensbewegung in der Bundesrepublik außerordentlich verstärkt und wenn es gelingt, z.B. die gesamte Gewerkschaftsbewegung als Druckfaktor hier einzubeziehen.

Das Verhältnis der beiden deutschen Staaten zueinander kann hier also Wirkung nur dadurch erbringen, daß es die Arbeit der Friedenskräfte in der Bundesrepublik Deutschland unmittelbar begünstigt. Dafür wäre eine Intensivierung der Annäherungspolitik zwischen beiden deutschen Staaten natürlich hilfreich, wie sie von der DDR, teilweise auch von der Bundesrepublik aus angestrebt wird. Aber hier gibt es nur begrenzte Chancen, nicht mehr; und ganz bestimmt eins nicht, was im Hintergrund etwa bei Peter Brandt steht: Man kann nicht von beiden deutschen Staaten aus Wiedervereinigungspolitik betreiben. Würde man das versuchen, geriete man sofort in die Isolation und ins Nichts, denn dann würde man den massiven Widerstand aller anderen europäischen Mächte provozieren.

F.D.: Wäre nicht darüber hinaus in einem Versuch wie der Havemann-Initiative objektiv ein Mechanismus enthalten, der den Warschauer Pakt und insbesondere die DDR zu einer verstärkten Zurückziehung von solchen Annäherungsmöglichkeiten und damit zur Beschränkung von Entspannungsmöglichkeiten veranlassen würde?

W.A.: Sobald man solche Ziele wie den Kurs auf „Wiedervereinigung" von BRD und DDR auch nur anspricht oder gar ansteuert, ist jede selbständige politische Möglichkeit der DDR von vornherein ausgeschaltet. Dies ist um so mehr der Fall, als die polnische Krise erwiesen hat, daß für den Warschauer Pakt ein Rückzug aus der DDR gar nicht möglich ist – so wie in der Bundesrepublik Deutschland der Tatbestand eine große Rolle spielt, daß nach dem organisatorischen Ausscheiden Frankreichs aus den militärischen Institutionen der NATO die Bundesrepublik hier verstärkt eingebunden worden ist.
Durch falsche und überspannte Zielsetzungen in solchen Dingen erreicht man also das genaue Gegenteil dessen, was eigentlich, auch nach der Meinung derer, die hier verfehlt argumentieren, erstrebenswert und auch möglich ist, nämlich z.B. eine fortschreitende Erweiterung der Annäherungsmöglichkeiten zwischen beiden deutschen Staaten, vor allem im wirtschaftlichen oder kulturellen Bereich. So war etwa das von Stephan Hermlin organisierte Berliner Schriftstellertreffen vom Dezember 1981 eine für alle progressiven Bewegungen im Westen, aber auch für die Bewußtseinsentwicklung im Osten außerordentlich wichtige Sache.

G.F.: Du hast uns jetzt eine Antwort gegeben auf eine sehr wichtige Perspektivfrage: Was passiert nach dem Tag X, an dem der Kampf gegen die bevorstehende Stationierung von Pershing II und Cruise Missiles gegenstandslos geworden ist? Vor der gleichen Frage hat im Jahr 1968 auch die Bewegung gegen die Notstandsgesetze gestanden. Die Antwort war damals: es muß nun eine europäische Friedens- und Sicherheitsordnung anvisiert werden, die den sog. Verteidigungsfall und damit letztlich überhaupt die Anwendung der Notstandsgesetze undenkbar macht. Es wäre zu überlegen, ob heute nicht eine gleichlautende Antwort zu geben ist und ob nicht jetzt damit begonnen werden muß, diesen Prozeß gegenseitiger kontaktbildender Maßnahmen auf allen möglichen Ebenen zu starten oder neu aufzunehmen. In diesem Zusammenhang würde ich zum Beispiel auch die innerdeutschen Kontakte zwischen Schmidt und Honecker beim Treffen in der Schorfheide sehen. Das hat ja mit einer „nationalen Lösung", glaube ich, nichts zu tun, bleibt aber im Zusammenhang der KSZE, praktisch an einem besonders empfindlichen Punkt. Und wenn man diese deutsch-deutschen Bemühungen unter die Perspektive einer gesamteuropäischen Friedensordnung stellt – wobei dieser „nationale" Ton dann ein Unterton, nicht ein Oberton ist – dann könnte die Sache wahrscheinlich einen Sinn bekommen.

W. A.: Diese, wenn man so will, „nationale" Annäherung – beschränkt auf diese zwei deutschsprachigen Staaten; der dritte, Österreich, bleibt ja ebenso draußen wie der vierte, die Schweiz – könnte sozusagen als Vorbereitungs- und Anregungsfaktor in diese gesamteuropäische Richtung weisen und insofern eine Vorhutrolle wahrnehmen.

G. F.: Ich würde doch vorschlagen, noch einmal die Reihenfolge der Schritte zu erwägen. Es ist zweifellos richtig, jetzt zu überlegen, wie die Friedensbewegung hinausgeführt werden kann über die ausschließliche Konzentration auf den Punkt Nichtstationierung. Aber aktuell geht es doch sehr stark darum, daß nicht durch Bekenntnisse zu allgemeinen Friedenszielen gerade dieser Punkt vergessen wird. Das hat ja spätestens am Abend des 10. Oktober 1981 begonnen, als plötzlich alle möglichen Leute eingestiegen sind und die Sache gelobt haben. Dabei schloß das Lob ein: Friedensbewegung, Frieden, junge Leute, Kirchen, natürlich nicht Kommunisten. Aber, so hieß es nun, eigentlich sei doch der ganze Anlaß zu dürftig, zu klein – und schon ist das eine vernünftige Ziel, den „Nachrüstungs"-Beschluß zu kippen, plötzlich weg.

W. A.: Es muß in jedem Fall darum gehen, den einen Punkt von vornherein zu koppeln mit darüber hinausgehenden Zielen. Ich wundere mich, in wie geringem Maß in der Friedensbewegung z.B. die UN-Beschlußsituation zur Frage der Erstanwendung von Atomwaffen aufgenommen wurde. Es ist außerordentlich wichtig, derartige Beschlüsse ständig ins Gespräch zu bringen. Man könnte die Massen auch mit der Frage in Bewegung setzen, weshalb die bundesdeutsche Regierung hier auf der anderen Seite agiert und abgestimmt hat.

F. D.: Ich möchte zu der europäischen Perspektive noch etwas sagen, weil wir versuchen müssen, sie zu konkretisieren. Europäische Perspektive heißt ja schon im Moment, bezogen auf den „Nachrüstungs"-Beschluß: in Verantwortung für eine europäische Sicherheitspolitik und aus dem wohlverstandenen eigenen Interesse heraus sich nicht zum Instrument amerikanischer Katastrophenpolitik und zur potentiellen Geisel amerikanischer Erstschlagsstrategien machen zu lassen. Das ist der Punkt, in dem sich europäische Perspektiven und „Nachrüstungs"-Frage miteinander verknüpfen.

Aber es gibt ja nun auch traditionell sehr unterschiedliche Perspektiven europäischer Politik; darunter z.B. die Paneuropa-Ideologie, die aus dem rechtskonservativen Lager kommt, bis hin zu Otto von Habsburg und zu neofaschistischen Gruppen, die von der Nation Europa reden und damit ein ganz reaktionäres Konzept meinen. Was wäre denn nun aus der progressiven Perspektive, aus der Perspektive der Arbeiterbewegung heraus eine tragfähige Konzeption europäischer Sicherheitspolitik, von der wir zunächst einmal nur wissen, daß sie sich jedenfalls nicht zum Instrument US-amerikanischer Katastrophenpolitik machen lassen darf? Wäre etwa die europäische Entwicklung von der Regierungsbildung in Frankreich 1944 bis zum Beginn des Kalten Krieges 1947 hier einzubeziehen, wo doch aus der Katastrophe des Faschismus und den Ergebnissen des Zweiten Weltkrieges viele übereinstimmende Ansätze einer europäischen Perspektive – weitgehend auch als gesellschaftspolitisches Programm einer antifaschistisch-demokratischen Neuordnung in den einzelnen Nationalstaaten – entstanden sind? Könnte diese Erfahrung wirksam gemacht werden, auch um einen neuen Kalten Krieg zu verhindern?

W. A.: Langfristig ja, aber kurzfristig scheint mir die Lage anders zu sein. Damals war die Perspektive der progressiven europäischen Bewegungen, die aus den Widerstandsbewegungen der okkupierten Länder hervorgegangen waren, die Umgestaltung der ökonomischen Verhältnisse. Bei den ersten Nationalversammlungswahlen in Frankreich entstand eine breite kommunistisch-sozialistische Majorität. Und im Grunde war die Lage in allen diesen Ländern ähnlich. Diese Phase ist dann durch den Kalten Krieg und durch die Restauration in allen diesen Ländern – die freilich nirgends so gefährliche Formen annahm wie in der Bundesrepublik - abgelöst worden.

Von der heutigen Situation aus muß man, wenn keine eruptiven Entwicklungen als Folge der Weltwirtschaftskrise eintreten, in Übergangsforderungen denken und kann nicht unmittelbar auf alte Konzepte zurückgreifen, denn inzwischen hat sich die weltgeschichtliche Lage verändert. Aber Übergangsforderungen sind notwendig in der Richtung, daß europäische Regelungen eventuell durch gemeinsame Initiativen beider deutschen Staaten mitvorbereitet werden. Diese müßten in jedem Fall das Ziel einer weitgehenden Demilitarisierung auf beiden Ufern der Elbe einschließen. Weiterhin sollte man den UN-Beschluß über Nichterstanwendung von Atomwaffen zunächst als innereuropäische Regelung ansteuern. Damit würde dann auch die Bündnismacht der westeuropäischen Staaten mindestens in ihrem europäischen Verhalten gebunden.

Fernziel wäre dabei selbstverständlich die Entfernung aller atomarer Waffen aus Europa – ein Fernziel, das der Friedensbewegung leicht vermittelt werden könnte. Darüber hinaus sollte die Verminderung der sonstigen Rüstungsmaßnahmen beiderseits der Elbe immer wieder als Diskussionspunkt angemeldet und sollten konkrete Verhandlungen in dieser Richtung über die Wiener Verhandlungen hinaus gefordert werden. Man könnte und müßte ferner das radikale Verbot der Stationierung chemischer und biologischer Waffen in europäischen Staaten fordern. Auch diese Forderung ist in der Friedensbewegung, so wie sie heute ist, ohne weiteres vermittelbar.

Dies alles geht jedoch nur unter der Bedingung, daß man sich nicht dem Verdacht aussetzt, für übermorgen bereits die Vereinigung beider deutschen Staaten oder etwas dergleichen anzustreben. Nur wenn man solche Ziele von vornherein auch bewußt und betont ausklammert, kann man Ängste und Verdächtigungen in anderen europäischen Staaten gegenüber der Aktivität beider deutscher Staaten vermeiden. Auch schon aus diesem Grund ist die Forderung der DDR gegenüber der BRD, sie müsse endlich die eigene Staatsbürgerschaft der DDR anerkennen, berechtigt und unterstützenswert.

C. J.: Würdest Du zu diesen kurzfristigen, direkt anzustrebenden Schritten auch die Möglichkeit einseitiger Abrüstungsmaßnahmen zählen? Und wäre bei der massiven Bedrohungsangst, die in der westdeutschen Bevölkerung tief verwurzelt ist, dies unter dem Gesichtspunkt der ständig steigenden Rüstungslasten und der Sozialdemontage sowie unter dem Gesichtspunkt, daß Friedensbewegung und Abrüstungspolitik auch zu konkreten, sichtbar erfolgreichen Schritten kommen müssen, zu vermitteln? Denn man muß ja die Ergebnisse der Abrüstungsverhandlungen in den letzten 20 - 30 Jahren im Grunde als ständig fortgehende Aufrüstung beschreiben: nie ist wirklich abgerüstet worden – und dies auch nicht angesichts eines Vernichtungspotentials, von dem wir wissen, daß es vielfach zur

Selbstvernichtung der Menschheit ausreicht.

W. A.: Ich bin durchaus der Meinung, daß man einseitige Verminderung von Aufrüstung und also auch einseitige begrenzte Abrüstung erfolgreich propagieren kann. Erstens in der Friedensbewegung, aber zweitens – und das ist hier bedeutsamer – zur Verschmelzung von Friedensbewegung und gewerkschaftlicher Aktivität auch in der Gewerkschaftsbewegung. Denn es zeigt sich immer wieder, daß Krise unter den gegenwärtigen ökonomischen Bedingungen soziale Demontage, weil Verminderung staatlicher Leistungen zum Beispiel an die Sozialversicherung, bedeutet, während die militärischen Ausgaben der Bundesrepublik Deutschland gemäß der NATO-Forderung gleichzeitig erhöht worden sind und ständig weiter erhöht zu werden drohen. Derartige Verlagerungen des Etats von sozialen Leistungen weg und hin zur Rüstung sind für das Bewußtsein der durch potentielle Arbeitslosigkeit bedrohten und im Alter bedrohten Betriebsarbeiter ein Tatbestand, den sie nicht ohne weiteres dulden wollen.

C. J.: Was bedeutet denn für die Perspektive, wie wir sie jetzt diskutiert haben, der absehbare Übergang der Regierungsmacht an die konservativen Parteien in unserem Land?

W. A.: Ich glaube: weniger, als man im allgemeinen befürchtet. Dieser Übergang kommt nach der gegenwärtigen Machtlage in absehbarer Zeit, wenn nicht außergewöhnliche Ereignisse eintreten. Wir müssen immer wieder klarmachen, daß wir einen solchen Übergang nicht wünschen, und wir müssen auch dagegen kämpfen. Aber die Chancen sind gering; so erscheint es etwa bei den hessischen Landtagswahlen im Herbst 1982 kaum abwendbar, daß die Regierungsmacht an die CDU übergeht.
Wenn jedoch eine konservative Regierung unter dem Druck einer aktiven Arbeiterbewegung und einer aktiven, noch über die Arbeiterbewegung hinausgreifenden, breiten Friedensbewegung stünde, dann wäre eine solche CDU/CSU-Regierung in ihren Handlungen durchaus nicht frei. Sie müßte sogar, weil sie ja auf Wählerzustimmung angewiesen bleibt, auf solche Bewegungen Rücksicht nehmen und ihnen Konzessionen machen. Ich glaube im übrigen nicht, daß eine CDU/CSU-Regierung eine wesentlich andere Politik in der Frage der Neuaufrüstung, auch der atomaren Neuaufrüstung, gemacht hätte, als sie die sozialdemokratisch geführte Regierung gemacht hat. Jene könnte sogar in engere Grenzen gewiesen werden, wenn es möglich würde, in einer oppositionellen SPD stärkere

linke Akzente zu entwickeln und von hier aus die CDU/CSU-Regierung unter Druck zu setzen.

12. Perspektiven der Arbeiter- und Friedensbewegung

G.M.: Du bist in den zwanziger Jahren zum politischen Bewußtsein und zum Marxismus gekommen. Dessen Theorie, die Du damals aufzuarbeiten begonnen hast, hat unter anderem zum Inhalt, daß die Prinzipien der Aufklärung, des Friedens, des gesellschaftlichen Fortschritts, die großen Ideen der bürgerlichen Revolutionsbewegungen des 17. und 18. Jahrhunderts, aufgrund der inneren Entwicklung des Kapitalismus, der seit dem Ende des 19. Jahrhunderts zunehmend die Form des Militarismus im Innern und des Imperialismus im Äußern angenommen habe, nicht mehr in den Händen des Bürgertums liegen würden, sondern von drei neuen sozialen Bewegungen historisch weitergetragen werden müßten: der Arbeiterbewegung in den kapitalistischen Staaten; den antiimperialistischen Befreiungsbewegungen in den kolonialen Räumen; der jungen UdSSR, die bereits in den zwanziger Jahren Vorschläge für eine universelle Abrüstung und für die friedliche Regelung internationaler Konflikte unterbreitet hat. Heute, 60 Jahre später, scheint es so, daß die Weiterentwicklung dieser drei historischen Kräfte wie auch die jeweiligen Beziehungen zwischen ihnen auf große Schwierigkeiten stoßen. Dies gilt auch für die Fragen von Frieden und Friedenssicherung. Betrachten wir diese drei Bewegungen im einzelnen:

● Die Arbeiterbewegung in den entwickelten kapitalistischen Staaten ist seit dem Ende des Zweiten Weltkrieges wohl nicht prinzipiell stärker geworden. In der gegenwärtigen tiefgreifenden Wirtschaftskrise scheint sie in wichtigen Ländern sogar deutlich in der Defensive zu sein.

● Fast alle Kolonien haben sich nach dem Zweiten Weltkrieg zu formell unabhängigen Staaten entwickelt. Viele von ihnen stoßen aber aufgrund ihrer wirtschaftlichen Unterentwicklung, ihrer vielfältigen Abhängigkeiten von den Metropolen, der Herrschaft reaktionärer oder militaristischer Gruppierungen rasch auf Entwicklungsschranken.

● Die sozialistischen Länder haben aufgrund verschiedener Ursachen (eine dieser Ursachen ist die drückende Rüstungslast) mit zahlreichen ökonomischen und politischen Problemen zu kämpfen, die sich – wie das polnische Beispiel zeigt – zu tiefgreifenden Krisen steigern können. Der Konflikt zwischen den beiden wichtigsten sozialistischen Ländern, der UdSSR und der Volksrepublik China, der bereits in militärischen Formen ausgetragen worden ist, wirkt sich lähmend auf die gesamte internationale Politik aus.

Und auch zwischen den drei Bewegungen bestehen zahlreiche Spannungen und Konfliktlinien:

● Konflikte zwischen der westeuropäischen Arbeiterbewegung und den sozialistischen Ländern: die sozialistische Regierung in Frankreich und die sozialdemokratisch geführte Bundesregierung vermindern nicht, sondern erhöhen Rüstungen, die sich objektiv gegen die sozialistischen Länder richten; die Italienische Kommunistische Partei äußerte nach dem 13. Dezember 1981, die UdSSR repräsentiere kein irgendwie nachahmenswertes Gesellschaftsmodell mehr und habe die historisch-progressive Kraft der Oktoberrevolution endgültig verbraucht; umgekehrt wirft die KPdSU der IKP vor, sie vertrete in der Polen-Frage ähnliche Positionen wie die konservativen bürgerlichen Massenmedien.

● Konflikte zwischen sozialistischen Ländern und Staaten der „Dritten Welt": die sowjetische Aktion in Afghanistan wird, wie die Abstimmungen in der UNO zeigen, von vielen Ländern der „Dritten Welt" verurteilt.

● Konflikte zwischen Ländern der „Dritten Welt" und der Arbeiterbewegung kapitalistischer Staaten: auch von sozialistischen Parteien, die die Regierung stellen, ist keine durchgreifende Entwicklungshilfe geleistet worden; durch Waffenexporte, die von den Parteien der Arbeiterbewegung nicht verhindert werden, ist auch die „Dritte Welt" weiter militarisiert worden (gegenwärtig fallen in Bonn Entscheidungen zur Lockerung der Beschränkungen für Waffenexporte); es ist keine gemeinsame und effektive Strategie gegen multinationale Konzerne entwickelt worden, die sowohl Gegner der Arbeiterbewegung in den Metropolen wie der Entwicklungsinteressen der „Dritten Welt" sind.

Und nun die Frage: vorausgesetzt, daß diese groben Kurzdiagnosen zumindest teilweise zutreffen – kann man im Bewußtsein dieser vielfältigen Widersprüche Marxist bleiben und einen historischen Optimismus in bezug auf die entscheidende Frage von Krieg und Frieden behalten?

W.A.: Ich glaube ja, und man kann sogar das Grundkonzept behalten. Wohlgemerkt, auch in der Zeit, in der ich mich in die Arbeiterbewegung einreihe, sind die Widersprüche zwischen reformistischem und revolutionärem Flügel in der Arbeiterbewegung so stark, daß sie dann während des Oktober 1923 – dem endgültigen Abschluß der eigentlich revolutionären Nachkriegsperiode – und dann wieder nach 1929/30 – in der Weltwirtschaftskrise – geschlagen wurde. Übrigens wurden damals nicht jeweils ein Flügel der Arbeiterbewegung geschlagen, sondern – so zerstritten die beiden Flügel auch waren – beide Flügel, am härtesten bei der Machtübernahme durch den Faschismus in Deutschland, vorher durch den Faschismus in Italien usw. Auch die antiimperialistischen Befreiungsbewegungen wurden in dieser ganzen Periode vor dem Zweiten Weltkrieg immer wieder geschlagen, so daß das Problem der militärisch vermittelten Unterdrückung aller Kolonialländer blieb. Sie wurden auch geschlagen, weil die UdSSR nicht stark genug war, ihnen damals eine reale Unterstützung bieten zu können. Und sie wurden geschlagen, weil die Arbeiterbewegung in den kapitalistischen Staaten so schwach und so zerstritten war.

Das änderte nichts daran, daß alle drei großen Bewegungen für ihre langfristigen Erfolge darauf angewiesen waren, friedensverteidigend zu wirken. Friedensverteidigung hieß in diesem Zeitabschnitt keineswegs immer Verzicht auf physische Gewaltanwendung: die Befreiung etwa der kolonialen Länder ohne Anwendung physischer Gewalt war in diesen ganzen Jahrzehnten bis 1945 im Grunde überhaupt nicht vorstellbar. Aber tendenziell mußten sie friedensverteidigend wirken. Auch die UdSSR konnte sich – nebenbei bemerkt – in ihrer Isolationssituation nur durch Anwendung physischer Gewalt konstituieren und mußte sich zweitens gegen die verschiedenen Interventionen kapitalistischer Regierungen in den Jahren 1918 bis 1920 zur Wehr setzen. Und wir hatten damals noch nicht einmal die Hoffnung, die Arbeiterbewegung in den kapitalistischen Ländern könne überall, in den europäischen Ländern etwa oder in den Vereinigten Staaten, ohne Verzicht auf Anwendung auch von physischer Gewalt zum Ziele gelangen. Aber wir hatten die Vorstellung, daß – wenn alle drei Bewegungen siegen würden – es dann möglich sein werde, dauerhaft Frieden zu konstituieren; denn es war ja objektiv nicht möglich, lediglich in den Vermittlungsformen etwa des Völkerbundes dauerhaft friedenskonstituierend zu wirken, solange die Großmächte, die ihm angehörten, imperialistische Staaten waren.

Das war die damalige Situation. Wir waren uns über die inneren Widersprüche dieser Situation durchaus klar, und jeder Marxist mußte sich darüber im klaren sein. Man war sich aber nicht darüber klar, einen wie langen Zeitraum diese historische Übergangsphase in eine spätere sozialistische Weltordnung einnehmen werde; denn wir haben in den zwanziger Jahren zunächst sicherlich nicht damit gerechnet – wir waren viel zu optimistisch – , daß wir im Deutschen Reich zum Beispiel durch den Faschismus geschlagen würden. Das habe ich erst Anfang der dreißiger Jahre vermutet und erst etwa seit 1932 für sicher gehalten – und da war es bekanntlich auch nicht mehr vermeidbar. Nach dem Umschwung in Preußen vom Juli 1932 war mir die bevorstehende Niederlage bewußt; wir hätten nur noch eine dann nicht mehr siegreiche Abwehrschlacht schlagen können. Ich bin nach wie vor der Meinung, daß es besser gewesen wäre, wenn wir sie geschlagen hätten. Wenn wir – auch ohne Aussicht auf Erfolg – gekämpft hätten, wären bessere psychologische Bedingungen für die spätere Periode geschaffen worden. Insofern hat sich also in den sechzig Jahren, in denen ich zur Bewegung gehöre, an der Grundsituation wenig geändert. Ich hatte aber den Zeitraum, in dem sich diese historischen Umwandlungsprozesse vollziehen würden, damals optimistischer eingeschätzt – ich will das in keiner Weise beschönigen oder gar bestreiten. Die Grundsituation besteht jedoch in gleicher Weise fort. Die Bevölkerungsmassen der Entwicklungsländer sind an den vielfachen nationalen Reibungen ebensowenig interessiert wie an einer Fortsetzung der Militarisierung. Daß diese Zerfaserung der Befreiungsbewegung in allen Entwicklungsländern eingetreten ist, das ist gewiß auch eine Folge des Tatbestandes, daß wir in Europa und in den industrialisierten kapitalistischen Staaten seit 1945 unsere meisten Schlachten verloren haben, ebenso wie manche negativen Formen der Entwicklung der UdSSR seit der Weltwirtschaftskrise 1929/30 im Grunde auf diesem Tatbestand beruhen. Schlachten kann man immer verlieren. Das heißt aber nicht, daß man sie für immer verloren hat.

Daß ein solcher Kurzschluß falsch wäre, zeigt uns der Verlauf der bürgerlichen Revolution. Welch elend langen Zeitraum mit welch vielen Widersprüchen haben die bürgerlichen Revolutionen, die zum bürgerlichen Rechtsstaat führen, in Anspruch genommen. Hätte irgendeiner der Beteiligten in der großen Englischen Revolution des 17. Jahrhunderts, in der Französischen Revolution des späten 18. Jahrhunderts, zur Zeit der jeweiligen Revolutionskämpfe angenommen, daß dieser Zeitraum so groß sein würde? Es hat von der Französischen Revolution des Jahres 1789 im Grunde bis zum Ende des Ersten Weltkrieges gedauert, bis auch nur die bürgerliche Revolution in vollem Maße in den meisten europäischen Staaten gesiegt hatte. Es war also sicherlich vermessen, daß wir damals in so kurzen historischen Zeiträumen gedacht haben. Wenn derartige historische Umformungsprozesse im Gang sind – und sie sind ja deutlich im Gang –, erfolgen auch Rückschläge. Das hat jede historische Bewegung dieser Art erleben müssen, und sie erlebt es auch heute. Ich glaube, wir können von dort aus den tendenziellen Optimismus von früher durchaus erhalten.

Nun hat sich in einem entscheidenden Tatbestand – Du hast das eben mit Recht erwähnt – nach dem Zweiten Weltkrieg und vollends seit den sechziger Jahren das Bild total verändert. Die offen koloniale Herrschaft existiert nicht mehr – von winzigen Ausnahmen abgesehen, die im ganzen historisch uninteressant sind. Die Befreiungsbewegungen in den industriell nicht entwickelten und zuvor kolonial oder halbkolonial unterdrückten Ländern haben in dieser oder jener Form, mit dieser oder jener Verzerrung gesiegt und entscheidende Erfolge erzielt. Dies gilt nicht für alle Staaten; wir wissen, daß sich Mittelamerika und auch große Teile Südamerikas immer noch in faktisch kolonialer Abhängigkeit von den USA befinden, aber es handelt sich nirgends mehr um offen koloniale Formen. Und inzwischen hat sich auch der Machtcharakter der Staaten dadurch verändert, daß im Grunde alle in den zwanziger Jahren führenden imperialistischen Staaten zu sekundären imperialistischen Staaten abgesunken sind und nur ein Staat einen wirklich globalen Einfluß behalten hat, nämlich die USA. Wenn die französische Politik durch ihre sondernukleare Rüstung darauf spekuliert, eine ähnliche Rolle spielen zu können (wie sich das General de Gaulle eingebildet hatte, wie das aber heute trotz der Rüstungsmaßnahmen in Frankreich niemand mehr ernsthaft glaubt), so ändert das an diesem Bilde nichts.

Die UdSSR ist nach schweren Jahren und nach bitteren Perioden der Verzerrung in ihrer Entwicklung nach dem Zweiten Weltkrieg zu einer gefestigten Weltmacht geworden, was sie damals nicht war. Damals konnte sie ihre Existenz nur dadurch aufrechterhalten, daß sie die Gegensätze zwischen den verschiedenen imperialistischen Staaten ausnutzte – anders hätte sie wohl kaum überleben können.

Die USA sind zu der global führenden Macht des Monopolkapitalismus aufgestiegen, die immer wieder versucht, die anderen Staaten der westlichen Welt ihren Sonderinteressen unterzuordnen. Das ist also eine weitere, entscheidende Veränderung, die stattgefunden hat.

Die Arbeiterbewegung wurde nach dem Ende des Zweiten Weltkrieges in allen westeuropäischen Ländern abermals geschlagen. Ihre Versuche, eine demokratisch-sozialistische Transformation und Neuordnung einzuleiten, sind zunächst in der Periode der Restauration und des Kalten Krieges gescheitert. Weil sie gescheitert sind, haben sich natürlich auch Bewußtseins- und Verhaltensverzerrungen eingestellt. Nehmen wir das Beispiel der Sozialistischen Partei Frankreichs. Diese Partei hat zunächst den Algerienkrieg mit organisiert und alle Kolonialherrschaftsformen Frankreichs mit aufrechterhalten – und sie ist in den fünfziger Jahren eben dadurch gescheitert. Sie mußte dem Gaullismus weichen und konnte sich erst aus der Opposition gegen dieses System, dann aber auch vor dem Hintergrund der Erfahrung der Kämpfe des Jahres 1968 und des Aufschwungs der gesamten französischen Arbeiterbewegung regenerieren. Und deshalb ist es auch kein Wunder, daß in den reformistischen Parteien ähnliche Verhaltensverzerrungen als Folge der Anpassungsprozesse bis in die Gegenwart auftreten. Die Aufrüstungspolitik Mitterrands ist nichts anderes als eine solche Verzerrung, hier sogar mit ähnlichen Illusionen wie bei de Gaulle (denn Mitterrand versucht, durch diese spezielle Aufrüstungspolitik seine Unabhängigkeit von der USA-Politik wenigstens partiell sicherzustellen).

Widersprüche haben sich natürlich auch in der UdSSR ergeben – wir haben darü-

ber bereits gesprochen. Wenn wir sie mit den Widersprüchen der großen Französischen Revolution von 1789 vergleichen, so haben sie mit großen zeitlichen Verschiebungen sogar ähnliche Prozesse durchlaufen. Trotz Robespierre und seines Terrorismus – auch gegen die Jakobiner selbst – ist Frankreich während des ganzen folgenden Jahrhunderts der Zentralpunkt bürgerlich-demokratischer Erneuerung in Europa geblieben. Die Restaurationsperiode nach 1815 hat daran ebensowenig etwas geändert wie zuvor der Bonapartismus des ersten Napoleon. Ganz ähnlich ist es heute mit der UdSSR. Trotz vieler Verzerrungen, die sich immer wieder spiegeln – auch in scheinbar aggressivem militärischem Verhalten, das manchmal begründet und notwendig ist, in Einzelfällen möglicherweise aber auch nicht, wir haben darüber bereits gesprochen –, trotz all dieser Erscheinungsformen hat die UdSSR – wenn man so will – die Rolle, die Frankreich bei der bürgerlichen Umgestaltung der Welt übernommen hat, über eine lange historische Periode hinweg für das Problem potentieller, sozialistischer Umgestaltung in der Welt übernommen. Hierbei ist es gleichgültig, ob sie diese Rolle selbst voll begreift oder nicht. Sie behält diese Rolle, auch wenn sie dabei für eine gewisse Zeit die Meinung vertrat, daß andere sozialistische Bewegungen ihre eigenen Entwicklungsprozesse nachspielen müßten, was nicht stimmt – das stimmt auch in der Periode der bürgerlichen Revolution nicht. Auch da konnte nicht jedes andere Land etwa die Formen der bürgerlichen Revolutionen in Frankreich übernehmen. Gleichwohl haben ähnliche Illusionen damals auch vorübergehend in Frankreich existiert; aber an der Grundstruktur dieser Gesellschaft hat das alles nichts verändert. Es wäre keine Befreiung der Entwicklungsländer möglich gewesen ohne die Existenz der UdSSR, auch nicht der Sieg der chinesischen Revolution, der diesen Aufstieg kolonialer Befreiungsbewegungen eingeleitet hat.
Heute ist es zu einer Überlebensfrage der Menschheit geworden, für die Begrenzung physischer Gewalt und für die möglichst weitgehende Ausklammerung physischer Gewalt aus allen internationalen Auseinandersetzungen unmittelbar zu kämpfen, weil ja heute durch die technischen Veränderungen einmal der atomaren Vernichtungswaffen, sodann der chemischen und biologischen Waffen jede gewaltsame Auseinandersetzung droht, in eine allgemeine Katastrophe der ganzen Welt umzuschlagen, nämlich in die totale Selbstvernichtung. Das gilt nicht bei Randauseinandersetzungen – und deshalb können wir den Entwicklungsländern keineswegs predigen, etwa darauf zu verzichten, einen als halbkoloniale Marionette fungierenden Diktator auch mit Gewalt abzusetzen. Solche Aktionen bleiben natürlich richtig. Aber bei den Auseinandersetzungen zwischen den größeren Staaten droht jeder mit physischer Gewalt ausgetragene Konflikt in die totale Vernichtung und Selbstvernichtung umzuschlagen. Und des-

halb ist hier sozusagen die Verknüpfung dessen, was in den zwanziger Jahren noch radikalpazifistische Illusion war, mit praktischer Politik der progressiven. Umformungsbewegungen in Richtung auf Demokratie und Sozialismus zur unmittelbaren Tagesaufgabe mit möglichst unmittelbarer Wirkung geworden.

K.F.: Friedrich Engels hat 1895, in seiner Einleitung zur zweiten Auflage der „Klassenkämpfe in Frankreich" von Karl Marx, eine Reihe historischer Erfahrungen formuliert. Dazu gehört auch eine scharfe Kritik an der – seinerzeit von ihm und Marx geteilten – Revolutions- und Barrikadenschwärmerei von 1848. Er argumentiert weiter, die herrschende Klasse habe sich inzwischen mit einem derartigen Waffenarsenal ausgestattet, daß jede solche Schwärmerei völlig absurd geworden sei.

Du hast nun in Deinem Leben zwei Weltkriege erlebt und eine Entwicklung erfahren, in deren Ergebnis zwei Supermächte mit Vernichtungsarsenalen ausgestattet sind, die ein geschichtlich ganz neues Zeitalter, nämlich das der möglichen Totalausrottung der Menschheit, konstituieren. Wenn man nun keinen Heilsplan der Geschichte sozusagen im Hinterkopf hat, wo das Blatt Sozialismus schon aufgeschlagen ist oder wo die Perspektive des Sozialismus sich schon fest abzeichnet, sondern wenn man konkret die Bedingungen analysiert, die sich in der Vergangenheit und in der Gegenwart bereits für die Zukunft stellen, dann spricht wohl einiges für den Satz von Friedrich Nietzsche, der bekanntlich kein Marxist war: „Optimismus ist Feigheit". Ich formuliere das einmal in provokatorischer Absicht: Es könnte ja eine Feigheit geben, die den ziemlich bitteren und finsteren Realitäten der Gegenwart auszuweichen versucht und die deshalb gegenüber der Frage, wie denn der Sozialismus noch Wirklichkeit werden solle, einfach aufs Prinzip Hoffnung verweist. Das heißt hier: müßte nicht eine Begründung für die sozialistische Perspektive – jedenfalls nach all den geschichtlichen Erfahrungen mehr aus der Notwendigkeit als sozusagen aus der Sicherheit des künftigen Sieges abgeleitet werden?

W.A.: Das ist in einem richtig. Von Sicherheit des künftigen Sieges kann man niemals reden und rede ich auch nicht. Aber, wenn man in dieser Terminologie verbleibt, das Prinzip Hoffnung ist – wenn man diese Hoffnung eben nicht als eine sich selbst verwirklichende Hoffnung nimmt, sondern als Aufgabe – nicht nur die Conditio sine qua non des Sieges der Arbeiterklasse und des Sozialismus, sondern auch die Vorbedingung für die Aufrechterhaltung der Existenz der Menschheit. Und deshalb muß man für diese Hoffnung kämpfen, solange noch der Schatten der Möglichkeit eines Erfolges verbleibt. Unsere Generation hat das ja einmal in einer anderen Form durchgemacht, nämlich in der Form der faschistischen Herrschaft im Deutschen Reich. Damals – wenn wir von der Periode der Illusionen breiter Schichten der Widerstandskämpfer in den Jahren 1933/34 absehen, die ich übrigens auch damals nicht teilte – schien auch keinerlei Hoffnung mehr zu bestehen. Der faschistische Machtapparat im Deutschen Reich war ja viel rationaler und durchdachter aufgebaut als der in Italien. Die sozusagen die ganze Gesellschaft erfassenden Folgen der faschistischen Herrschaft waren im Deutschen Reich sehr viel größer als im faschistischen Italien. Und trotzdem haben wir dieses Prinzip Hoffnung aufbewahrt und aufbewahren müssen und für die 0,05 Prozent potentiellen Erfolges kämpfen müssen. Hätten wir das nicht getan, so hätten nach der Katastrophe des Faschismus durch den Krieg – wir waren bekanntlich nicht selbst in der Lage, den Faschismus aus eigener Kraft zu schlagen – keine Wiederanknüpfungsmöglichkeiten irgendwelcher Art bestanden, auch psychologisch nicht. Dann wäre der Morgenthau-Plan zweifellos Realität geworden. Und deshalb war unser Kampf keineswegs vergeblich.

Ich nehme an, daß wir heute unter besseren Bedingungen kämpfen, denn trotz aller Fehler, die es in der Entwicklng der UdSSR zweifellos gegeben hat – ich denke vor allem an die Stalin'sche Periode –, trotz aller dieser Fehler bleibt diese UdSSR historisch gesehen ein Faktor möglicher Hoffnung. Sie ist eine Weltmacht, in der Aggressionen in Richtung auf Atomkrieg wahrscheinlich nicht durchgesetzt werden können, selbst wenn der General X oder der General Y in seinem Kopf mit solchen Dingen spielen würde. Und darüber hinaus haben wir nun die unmittelbar koloniale Herrschaft in der ganzen Welt auflösen können, wenn auch vielfach nur dadurch, daß sich neue, faktisch ähnliche Ausbeutungsverhältnisse etabliert haben. Aber wir leben nun in einer Welt von Staaten, die formell selbständig sind und in denen sich also positive Entwicklungen weiter vollziehen können.

Nicht anders ist es mit der Lage der Arbeiterbewegung. Es ist richtig, auch der reformistische Flügel der Arbeiterbewegung hat sich vielfältig – teils vorübergehend, teils auf längere Sicht, teils mit Unterbrechungsperioden, in denen es durchaus anders aussah (etwa auch in der Entwicklung der SFIO, der sozialistischen Partei Frankreichs in den fünfziger Jahren, und dann – seit Beginn der siebziger Jahre – der neuen Sozialistischen Partei unter Mitterrand) – auf der Seite des Fortschritts zum Frieden und zum Sozialismus eine Funktion bewahrt. Selbst im reformistischen Flügel der Arbeiterbewegung werden diese Themen – auch bedingt durch die weltpolitische und weltwirtschaftliche Entwicklung – immer wieder auf die Tagesordnung geschoben. So wäre z.B. der Sieg Mitterrands in Frankreich ohne solche Verschiebungen überhaupt nicht möglich gewesen, und in der englischen Labour Party können wir verfolgen, wie eine reformistische Partei, die

die Macht verloren hat, dann in der Erfahrung einer neuen Rolle von sehr vielen Verzerrungen wieder abrückt, die sie vorher produziert hat. Eine neue Labour-Regierung könnte – sagen wir einmal – den Kenia-Krieg der fünfziger Jahre nicht wiederholen; und sie könnte gar nicht auf die Idee kommen, so etwas durchzuführen.

Es gibt also, so geschlagen die sozialistische Bewegung, so schwach die Friedensbewegung in vielen der kapitalistischen Staaten erscheint, immer wieder Ansatzmöglichkeiten, um sie voranzutreiben und zu Erfolgen zu führen. Und deshalb ist gegenwärtig die Chance der Hoffnung wahrscheinlich sehr viel größer, als sie es für uns unmittelbar in der Periode des Faschismus gewesen ist. Gleichwohl hat auch unsere damalige Hoffnung wesentliches bewirken können.

F.D.: Du hast von den verschiedenen Phasen der sozialistischen Bewegung gesprochen. Es ist wichtig zu lernen, daß der Kampf für den Sozialismus kein historisches Prinzip Hoffnung ist, das sich eindimensional aufsteigend durchsetzt. Daher – so scheint mir – muß man immer auch über historisches Wissen verfügen, um zu lernen, unter welch komplizierten und widersprüchlichen Bedingungen – durch Erfolge und Niederlagen hindurch – sich der Kampf für diese Perspektive entwickelt.

Eines möchte ich noch ergänzen. Du hast Deine Darstellung mit dem Jahre 1947, also mit der Niederlage der Arbeiterbewegung und der Wende zum Kalten Krieg abgeschlossen. Es setzt dann die Restaurationsperiode ein. Zum Verständnis unserer gegenwärtigen Situation scheint es mir aber wichtig, daß Ende der sechziger Jahre ein erneuter Aufschwung der Klassenauseinandersetzungen in den hochentwickelten kapitalistischen Ländern stattfindet. Insgesamt vollzieht sich etwa seit 1968 eine deutliche Verschiebung des politischen Klimas nach links. Die Arbeiterklasse – vorher totgeschwiegen und auch in den Sozialwissenschaften zum historisch gleichsam verflüchtigten Subjekt deklariert – tritt plötzlich historisch wieder auf den Plan: in Kampf- und Streikaktionen in allen Ländern, meist verbunden mit neuen Formen des sozialen und politischen Protestes, z.B. in der Intellektuellenbewegung. Politisch reflektiert sich der Umschlag in eine neue Periode sozialer und politischer Kämpfe in Linksverschiebungen; Einheitsprogramme der Arbeiterbewegung werden diskutiert und verabschiedet; die verschiedenen Flügel – auch in den Ländern, in denen politische Richtungsgewerkschaften bestehen – nähern sich einander an. Es beginnen neue theoretische und strategische Diskussionen in der Arbeiterbewegung über den Charakter der entwickelten monopolkapitalistischen Gesellschaft, über die Bedingungen der sozialistischen Umwandlung, über das Verhältnis von Demokratie und Sozialismus usw.

Ab Mitte der siebziger Jahre setzt dann, wenn wir die gesamteuropäische Perspektive im Auge behalten, der konzentrierte Gegenangriff auf diese Linksverschiebung ein. Er verbindet sich mit den Wirkungen der Wirtschaftskrise und auch mit den Fehlern, die die Arbeiterbewegung z.B. dort machte, wo sie sich schnell wieder zerstritt. Du selbst hast in einem Aufsatz einmal von der „zweiten Restaurationswelle", die jetzt einsetzt, gesprochen. Wie können wir nun aus Deiner Sicht aus dieser Periode der reaktionären Gegenmobilisierung herauskommen? Mir scheint, die internationale Friedensbewegung ist bereits ein wichtiges Zeichen einer progressiven Gegenreaktion, ebenso die – gewiß höchst widersprüchliche und in sich außerordentlich labile – Linksregierung in Frankreich. Schließlich zeigt auch der wachsende Protest gegen die Innen- und Außenpolitik von Ronald Reagan, daß es Grenzen und Schranken gibt, die Krise des kapitalistischen Systems durch die aggressivste Variante der Systemstabilisierung zu lösen. Wir wissen, daß in der Friedensbewegung oft die Angst angesprochen wird, daß das Monopolkapital – gerade auch deshalb, weil seine Möglichkeiten, die Krise zu überwinden, enger werden – dazu neigen könnte, diese Probleme mit Gewalt, auch mit militärischer Gewalt im internationalen Bereich zu lösen. Ich möchte Dich zum Schluß bitten, noch einmal zu der gegenwärtigen politischen Kräftekonstellation, die sich vor dem Hintergrund der Linksverschiebung im internationalen Maßstab Ende der sechziger und Anfang der siebziger Jahre herausgebildet hat, Stellung zu nehmen. Welche Möglichkeiten einer Veränderung dieser Kräftekonstellation siehst Du?

W. A.: Nehmen wir das Beispiel Bundesrepublik. Hier hat sich nach der ersten größeren Rezession eine Linksverschiebung mit großer weltpolitischer Bedeutung durchspielen können; denn die Verträge der Brandt-Regierung mit den sozialistischen Staaten bedeuteten eine erhebliche Verminderung weltpolitischer Gefahren. Und insofern hat hier eine reformistische Bewegung, die im Grunde durch die Rezession zur Machtbeteiligung und zu einem neuen Aufschwung gelangt ist (nachdem und obwohl sie sich selbst ideologisch weitgehend abgerüstet hatte), einiges an positiven Wirkungen entfalten können. Dann kommt ein Rückschlag. Es ist unvermeidlich, daß immer wieder Rückschläge eintreten. In der Periode des Übergangs zu einer langfristigen Weltwirtschaftskrise wird die Gefahr solcher Rückschläge sogar noch größer. Daher droht uns eine CDU/CSU-Regierung.

Andererseits wird aber auch der potentielle Mobilisierungsgrad der progressiven Bewegung größer. Nach langen Jahren haben wir den Aufschwung der spontanen, in sich noch vielfach ungeklärten und unbewußten Friedensbewegung gehabt und ebenso den Aufschwung der ökologischen Bewegung. Die Probleme des Friedens wie die der Ökologie sind aber in einer monopolkapitalistischen Wirtschafts- und Gesellschaftsordnung vielleicht partiell in Schranken zu halten, aber nicht zu lösen. Und so drängen – selbst wenn wir uns auf das Beispiel Bundesrepublik beschränken – gerade in der Weltwirtschaftskrise, die auf der anderen Seite die Kräfte der Reaktion mobilisiert, viele Faktoren zur Remobilisierung von Friedensbewegung, Arbeiterbewegung und sozialistischer Bewegung. Wiederum werden Verzerrungen durch Diskussionsprozesse zu überwinden sein, wiederum werden wir zahlreiche Durchgangs- und Übergangsstufen zu durchschreiten haben. Aber diese vorwärtsweisenden Faktoren sind da.

Sie siegen nicht von selbst, sondern sie siegen, wenn wir erfolgreich und aus der Geschichte lernend handeln.